建设世界上最强大的政党

韩庆祥　黄相怀 等　著

中国人民大学出版

·北京·

中共中央党校研究团队

领衔专家　韩庆祥

（中共中央党校校委委员、第十三届全国政协委员、一级教授）

团队成员：

黄相怀（中共中央党校科研部副研究员）

焦佩锋（中共中央党校哲学部副教授）

曾　毅（中共中央党校党建部副教授）

徐浩然（中共中央党校科社部副教授）

刘晨光（中共中央党校科社部副教授）

孙　林（中共中央党校党建部副教授）

石　伟（中共中央党校报刊社副编审）

袁赛男（中共中央党校科研部助理研究员）

孙培军（中共中央党校政法部讲师）

张　城（中共中央党校文史部讲师）

毛　强（中共中央党校报刊社编辑）

序

把我们的党建设得更加坚强有力

强国必先强党。在我国走向现代化强国、我们党由大党成为强党的关键历史阶段召开的党的十九大，无疑具有里程碑意义。这个意义最突出的一点，就是揭示了中国特色社会主义进入新时代，中华民族迎来了从“站起来”、“富起来”到“强起来”的历史性飞跃。置身于这样一个大时代，中共中央党校的学者以责无旁贷的担当精神和敢于探索的理论勇气，持续关注并深入思考党的建设等重大战略问题，推出《建设世界上最强大的政党》一书，我感到非常欣慰。对于中共中央党校的学者而言，没有什么比用这本书向这个伟大时代献礼更显珍贵了！

习近平总书记在党的十九大报告中指出，中国特色社会主义进入了新时代，意味着中国特色社会主义道路、理论、制度、文化不断发展，拓展了发展中国家走向现代化的途径，给世界上那些既希望加快发展又希望保持自身独立的国家和民族提供了全新的选择，为解决人类问题贡献了中国智慧和中国方案。一直以来，特别是党的十八大以来，世界各国，特别是发展中国家非常希望知道中国奇迹到底是如何发生的，世界可以从中国共产党身上学到什么。在认真审视中国之后，学者们越来越清醒地认识到，中国发展奇迹的密码首要在政治领域，而政治领域的关键在于坚持中国共产党的领导，在于加强和改善中国共产党的领导。中国特色社会主义最本质的特征，是中国共产党的领导；中国特色社会主义制度的最大优势，也是中国共产党的领导。在中国共产党领导下，中国所取得的非凡成就，与迄今为止人类历史上任何国家相比，都是举世瞩目的，只有理解了中国共产党，才能真正理解中国发展的奇迹。由此，在中国特色社会主义进入新时代、我国走向现代化强国这一新的历史方位，站在实现“强起来”的新的历史起点上，坚持和发展中国特色社会主义，建设一个具有世界眼光和战略思维、领导有力、充满活力的强大政党，不但是我们党对国家、对民族、对人民的责任，也是对全世界的一份责任！

政党能力和政治领导力是影响一个国家政治发展和政治文明乃至一切发展的关键，也在很大程度上影响着国家治理现代化的实现。对于一个现代化的政治体系来说，其良性有序运行取决于政党能力和政治领导力，一个发展中国家要想达到高水平的国家治理，就必须拥有一个具有强大政治领导力的政党。因此，政党能力和政治领导力的提升，与国家治理能力的提升是同步的。“办好中国的事情，关键在党。”从党和国家发展的需要出发，我党历来高度重视自身建设，并逐步从弱小走向强大。

习近平总书记在党的十九大报告中指出，“实现伟大梦想，必须建设伟大工程。这个伟大工程就是我们党正在深入推进的党的建设新的伟大工程”。把党的建设看作一个“伟大工程”，是毛泽东最先提出的重大战略思想。1939 年 10 月 4 日，毛泽东为中共中央机关刊物《共产党人》

写下发刊词。在这篇发刊词中毛泽东第一次把党的建设称为“伟大的工程”，并提出要“使党铁一样地巩固起来”，要求把党的数量的发展与质量的提高相结合，实现“大”与“强”的有机统一。1957年，毛泽东说：“中国共产党是全中国人民的领导核心。没有这样一个核心，社会主义事业就不能胜利。”1962年，毛泽东再次指出：“工、农、商、学、兵、政、党这七个方面，党是领导一切的”，进一步明确了中国共产党在社会主义建设中的核心地位。这就内在地提出了建设强大政党的政治要求。可以看出，毛泽东对党的建设的思考，是与中国共产党所处的历史方位的变化密切相关的。这个变化就是：党的主要任务从领导和依靠人民进行革命斗争、推翻反动统治、建立新中国、实现民族独立和人民解放，转向领导和依靠人民执掌政权，巩固新制度，建设中国特色社会主义国家，实现国家富强、民族复兴、人民幸福。为此，中国共产党必须深入思考如何保持党的先进性和纯洁性，如何巩固党的执政地位和执政基础，如何把党建设得更加强大，从而实现党的历史使命，确保党和国家的长治久安。

在改革开放和社会主义现代化进程中，邓小平以巨大的政治勇气和理论勇气，在回答什么是社会主义、怎样建设社会主义的问题上，清醒地认识到党和国家的历史使命、历史方位，进一步提出要加强党的建设。他紧密联系实行改革开放的新形势和建设中国特色社会主义的新任务，围绕怎样建设强大政党的问题，提出了新时期党的建设的总目标，继续思考如何推进党的建设这一新的“伟大的工程”。1980年2月，在党的十一届五中全会上，邓小平提醒大家思考“执政党应该是一个什么样的党，执政党的党员应该怎样才合格，党怎样才叫善于领导”的问题，从执政的角度对提高党的能力素质进行了深入思考。1983年10月，在党的十二届二中全会上，邓小平进一步阐明了新时期党的建设总目标和总要求，“把我们党建设成为有战斗力的马克思主义政党，成为领导全国人民进行社会主义物质文明和精神文明建设的坚强核心”。邓小平关于新时期加强党的建设的思想，继续推进了党的建设新的伟大工程，巩固了党性，增强了战斗力，提高了党的执政水平和领导水平，使我们的党变得更加强大。

党的十八大以来，以习近平同志为核心的党中央，深入推进全面从严治党，增强了全党的力量，激发了全党的活力，振奋了全党的精神。然而，在全面从严治党的实践中暴露出来的深层次矛盾和问题也使我们认识到，党的建设还存在不少薄弱环节，还有许多方面的因素影响着党的生命力和行动力，影响着党的先进性和纯洁性，影响着党的组织肌体和群众基础。在我国前所未有地走近世界舞台中央、前所未有地接近实现中华民族伟大复兴的目标、前所未有地具有实现民族复兴的能力和信心的关键节点上，习近平总书记语重心长地告诫全党：“你们都知道温水煮青蛙的故事吧？”“杭州雷峰塔是怎么倒掉的？”这是在提醒全党要警惕可能面临的风险，要以在党忧党、在党为党的责任担当，矢志不渝地推进新的历史条件下党的建设这一新的伟大工程。2016年2月习近平总书记在中共中央政治局常委会议审议“两学一做”学习教育方案时明确提出：“我们党要搞好自身建设，真正成为世界上最强大的一个政党。”在党的十九大报告中，他再次强调：“党要团结带领人民进行伟大斗争、推进伟大事业、实现伟大梦想，必须毫不动摇坚持和完善党的领导，毫不动摇把党建设得更加坚强有力。”

如果说，带领一个13亿多人口的大国实现由大到强的目标，是人类历史上前所未有的壮丽史诗，那么，要使我们这样一个党员数量比大多数国家的人口数量还要多的大党时刻不忘初心、牢记使命，不断焕发生机活力，并实现由大到强的目标，既是一个世界性的挑战，也是一个历史性的担当。

2017年7月，中共中央党校常务副校长何毅亭在《学习时报》刊发了题为《努力建设世界上最强大的政党》的文章，对习近平总书记关于建设最强大的政党这一殷切期待做出了深入思考和理论回应。这篇文章的发表，产生了重要而广泛的影响，增进了大家对这个问题的认识和思考。结合党的十九大精神，中共中央党校科研部围绕该篇文章，组织中共中央党校青年学者进行全面深入的思考和研究，按照“用学术讲政治”的要求，撰写了《建设世界上最强大的政党》一书，进一步深入地探讨了这一重大主题，很有必要，很有意义。

《建设世界上最强大的政党》一书探讨的是三大根本问题：为什么要建设最强大的政党？怎样才是最强大的政党？怎样建设最强大的政党？这些问题都是事关党和国家事业继往开来、事关中国特色社会主义前途命运、事关最广大人民的根本利益的重大战略问题。本书通过对中国共产党的性质、宗旨、纲领、任务相关理论的解读与阐释，特别是通过对习近平总书记关于全面从严治党重要论述的研究和对十八大以来全面从严治党伟大实践的总结，清晰地展示了中国共产党在新的历史方位中所呈现出的永不懈怠的精神状态和一往无前的奋斗姿态，充分体现了中国共产党人的理论自信和实践自觉。中共中央党校是中国共产党的最高学府。中共中央党校一批青年学者以真挚的党性情怀、饱满的政治热情、深厚的学术素养，紧扣时代脉搏、回应时代之问，给读者呈献了这部著作，必将使广大读者对党的事业更加认同，对党的未来更加期待。

为什么要把中国共产党建设成为世界上最强大的政党？一言以蔽之，就是因为我们党是一个在13亿多人口的发展中大国执政的、拥有8 944.7万名党员的马克思主义政党，她肩负着实现中华民族伟大复兴的历史使命和促进人类文明发展的历史重任，理想最崇高，使命最艰巨，事业最伟大。我们常说，解决中国的问题，关键在党。现在看来，中国的问题能不能解决、解决得好不好，不仅事关中华民族的伟大复兴，而且会深刻地影响世界的发展。因此，中国共产党应该也必须成为世界上最强大的政党。本书的作者对这个问题把握得比较准。本书用事实和实践说话，从学理上进行阐释和论证，指明了建设世界上最强大的政党是共产党人的理想所寄、使命所使、事业所需，回应了时代发展对党的建设提出的课题。

怎样才是世界上最强大的政党？最强大的政党应该有哪些标志？从不同角度分析会得出不同的评判标准，不同性质的政党对这些问题也会有不同的理解。一些西方的选举型政党，每逢选举都会不遗余力地动员各种力量，在全国甚至更广的范围内极力造势，看起来不可谓不强大。但即便通过选举而执政，其执行力仍普遍不强，陷入无休止的扯皮、推诿之中。相反，已经建立97年、执政69年的中国共产党，在许多人看来依然是全世界最有活力的政党。中国共产党永葆活力、不断强大的一个关键秘密，就在于中国共产党能以经常性、严肃性的党内政治生活和组织生活，严密的纪律和高标准的要求，实现党内团结，统一全党意志。本书认为，一个政党是否强大，要看它是否具有强大的政治引领力、强大的民心感召力、强大的组织动员力、强大的自我革新力。换言之，政党的力量体现为一种“综合能力”，而这种“综合能力”，正是形成于良好的政治生活、政治生态。这样的分析，是符合政党特征和政党政治发展历程的，既体现了历史和逻辑的统一，也体现了抽象和具体的统一，凸显了作者在学术上的专业性和探索中的创造性，是相当可贵的。

打铁必须自身硬。怎样才能把中国共产党建设成世界上最强大的政党？政党的先进性并不必然形成强大的力量。党的力量来自党的建设。最强大的政党不是自然形成的，不是一蹴而就的，也不是一成不变的。因此，在兴党强党问题上，我们必须坚持不忘初心、牢记使命，从严治党、砥砺前行。本书作者从“魂”“源”“基”“要”四个方面提出对策，提出要坚定马克思主义的信仰，广聚民心，抓好基层打好基础，让制度落地生根，不断增强党的执政能力。应该说，从这几个方面着手兴党强党，抓得准，抓得全，抓得实，体现了作者较为宽广的思路和较为实际的思考，既有理论价值，又有实践意义。

前不久，中共中央党校出版社出版了系列采访实录《习近平的七年知青岁月》一书，广大党员干部特别是青年党员干部，认真研读、深入理解青年习近平矢志不渝的理想追求、爱国为民的家国情怀、勤奋好学的进取精神、求真务实的良好作风、艰苦奋斗的优秀品质，全面地把握了青年习近平有追求、能吃苦、爱学习、办实事、重辩证、敢担当的风范。令人高兴的是，中共中央党校的年轻党员、年轻学者，不仅做到了“学而知”“学而行”，而且做到了“学而用”。他们身体力行，认真学习、贯彻、落实习近平总书记在全国党校工作会议上的讲话精神，以“党校人要讲好党的故事”为己任，以青年习近平作为自己锤炼党性的生动范本，爱党敬业、积极作为。《建设世界上最强大的政党》一书，就是他们奋发有为的成果之一。

习近平总书记在党的十九大报告中指出：“青年兴则国家兴，青年强则国家强。”对于我们的党来说，青年兴则党兴，青年强则党强。随着越来越多的青年党员、青年学者关心并投身到兴党强党的伟大事业中，我们完全有理由相信，我们的党必将实现由大到强的目标，必将成为世界上最强大的政党，对此，我充满信心！

韩庆祥

目　录

上　篇
为什么要建设最强大的政党

上　篇

为什么要建设最强大的政党

第一章

建设最强大的政党是理想所寄

党的十九大报告指出，思想建设是党的基础性建设。革命理想高于天。共产主义远大理想和中国特色社会主义共同理想，是中国共产党人的精神支柱和政治灵魂，也是保持党的团结统一的思想基础。世界历史的发展证明，一个政党要从分散走向团结，从弱小走向强大，从胜利走向胜利，就必须以某种崇高的理想信念作为指引和支撑。理想反映着一个政党的精神面貌，体现着一个政党的价值追求，承载着一个民族的奋斗目标。一个没有理想的政党就如同一群乌合之众，反之，只有用崇高理想塑造起来的政党才有生命力、号召力、战斗力和影响力。

中国共产党人最崇高的理想是共产主义。为什么是共产主义，而不是别的主义？原因就在于，共产主义远大理想包含着崇高的价值立场、现实的经济维度和深刻的政治内涵，它既不等同于日常生活中的一般理想，也不等同于对彼岸世界的空想，这一理想是对人类社会发展规律进行深刻揭示、对人类社会未来的发展趋势进行科学展望的产物，它体现了真理性和价值性、合规律性与合目的性的高度统一，因而是最崇高的社会理想。

一、人的自由全面发展是马克思主义最高价值追求

理想一定是人的理想，任何伟大的理想都不可能脱离人而存在，人是理想的制定者和实现者。这一点对马克思来说也不例外。马克思主义最根本的理论主题是什么？答案只能是实现人的自由全面发展。为什么是这个答案？根本原因在于，马克思在理论上看到了唯心主义哲学对人的抽象理解，从社会中看到了无产阶级悲惨的生存境遇，所以，从青年时期开始，他就认为："**共产主义**是对**私有财产**即**人的自我异化的积极的**扬弃，因而是通过人并且为了人而对**人的**本质的真正**占有**；因此，它是人向自身、也就是向**社会的**即合乎人性的人的复归，这种复归是完全的复归，是自觉实现并在以往发展的全部财富的范围内实现的复归。这种共产主义，作为完成了的自然主义，等于人道主义，而作为完成了的人道主义，等于自然主义，它是人和自然界之间、人和人之间的矛盾的**真正**解决，是存在和本质、对象化和自我确证、自由和必然、个体和类之间的斗争的真正解决。它是历史之谜的解答，而且知道自己就是这种解答。"① 在此，马克思其实提及了很多今天依然存在的问题，比如人和自然之间的生存性矛盾、人和人之间的分配性矛盾，以及人的异化的各种形式。归根到底，所有这些问题都是如何实现人的自由全面发展的问题，这构成了马克思共产主义思想的价值维度。

（一）社会性是人的根本属性

一方面，人是自然的产物。马克思认为："自然界，就它自身不

① 马克思，恩格斯．马克思恩格斯文集：第 1 卷．北京：人民出版社，2009：185–186.

是人的身体而言，是人的**无机的身体**。人靠自然界**生活**。”[①]和自然界千千万万的生物一样，人也是自然的产物，人的衣食住行都需要通过自然去满足，“自然界是人为了不致死亡而必须与之处于持续不断的交互作用过程的、人的**身体**。所谓人的肉体生活和精神生活同自然界相联系，不外是说自然界同自身相联系，因为人是自然界的一部分”[②]。在此，马克思其实表明了人类理想产生的前提、边界和底线问题。很显然，理想是人的一种精神活动，但是，这种活动依然离不开自然，自然为我们的理想奠定了基础，确定了边界。

另一方面，重视人的自然性并不等于要用自然主义的观念去理解人，即认为人的一切自然欲望和需求都具有合理性和正当性。马克思曾批判道，旧唯物主义的主要缺点是：“对对象、现实、感性，只是从**客体**的**或者直观**的形式去理解，而不是把它们当做**感性的人的活动**，当做**实践**去理解，不是从主体方面去理解。”[③]这就说明，仅仅看到有血有肉、有情有爱的人还不够，人的问题既不是一个“人种学”的问题，也不是一个“性别学”的问题，更不是一个“姓氏学”的问题，人的问题必须放到人为了满足自己的需要而开展的生产和交往活动中去理解，而不是“就需要谈需要”或者“就理想谈理想”。所以，马克思指出：“可以根据意识、宗教或随便别的什么来区别人和动物。一当人开始**生产**自己的生活资料，即迈出由他们的肉体组织所决定的这一步的时候，人本身就开始把自己和动物区别开来。”[④]

①② 马克思，恩格斯．马克思恩格斯文集：第1卷．北京：人民出版社，2009：161.

③ 同①499.

④ 同①519.

从人类进化到生物链的最高端开始，人的社会性就始终大于人的自然性，所以，社会性才是人之为人的根本属性。如果基于自然性去认知和评价人的理想，那么，人就会被降格为动物，人的理想也就会被降格为动物的理想。实际上，动物根本谈不上理想，因为“人们生产自己的生活资料，同时间接地生产着自己的物质生活本身”[①]。人会按照自己的需求主动地生产，人会通过多种方式对自己的思想和行为进行反思和矫正，动物根本做不到这一点，所以，人的理想总是体现着人的社会属性，“意识一开始就是社会的产物，而且只要人们存在着，它就仍然是这种产物”[②]。因此，所谓理想一定是时代条件下的理想，这便是马克思恩格斯所说的“意识在任何时候都只能是被意识到了的存在”的真正含义。

（二）马克思主义关注现实的人而非抽象的人

对于马克思主义者来说，理想具有阶级性，这是其分析理想问题的特殊方法。马克思恩格斯指出：“一个阶级是社会上占统治地位的**物质**力量，同时也是社会上占统治地位的**精神**力量。支配着物质生产资料的阶级，同时也支配着精神生产资料，因此，那些没有精神生产资料的人的思想，一般地是隶属于这个阶级的。占统治地位的思想不过是占统治地位的物质关系在观念上的表现，不过是以思想的形式表现出来的占统治地位的物质关系；因而，这就是那些使某一个阶级成为统治阶级的关系在观念上的表现，因而这也就是这个阶级的统治的思想。”[③]可见，作

① 马克思，恩格斯．马克思恩格斯文集：第 1 卷．北京：人民出版社，2009：519.

② 同①533.

③ 同①550–551.

为思想上层建筑的产物，理想不可能脱离阶级而存在。一个社会占统治地位的理想一定是统治阶级本身的理想，其他形式的理想只能从属于或者依附于这个理想。

当物质劳动和精神劳动出现分工之后，意识、精神、荣誉、忠诚、理想、观念和自我意识等诸多精神性的东西就获得了相对独立的外观，但是，马克思恩格斯坚定地认为："意识一开始就是社会的产物，而且只要人们存在着，它就仍然是这种产物。"[①] 原因非常简单，因为意识总需要为自己确定对象，哪怕这种对象是意识本身，但这种意识也必然会打上时代的烙印，即使"这种理论、神学、哲学、道德等等同现存的关系发生矛盾，那么，这仅仅是因为现存的社会关系同现存的生产力发生了矛盾"[②]。与之相反，全部的德国哲学家都没有注意到这件事情的全部意义，"这些哲学家没有一个想到要提出关于德国哲学和德国现实之间的联系问题，关于他们所作的批判和他们自身的物质环境之间的联系问题"[③]。这便是马克思恩格斯要与德国的唯心主义哲学划清界限的根本原因。

正是因为看到了"存在决定意识"这一社会发展的秘密，马克思恩格斯从来都反对他们曾经身处其中的"青年黑格尔派"——空谈理想是这一派别最大的毛病。所以，历史发展的动力不是来源于不同的思想之间的混战，而是来自现实的生产力变革，"每个个人和每一代所遇到的现成的东西：生产力、资金和社会交往形式的总和，是哲学家们想象为'实体'和'人的本质'的东西的现实基础，是他们加以神化并与之斗

① 马克思，恩格斯．马克思恩格斯文集：第1卷．北京：人民出版社，2009：533.

② 同①534–535.

③ 同①516.

争的东西的现实基础，这种基础尽管遭到以‘自我意识’和‘唯一者’的身份出现的哲学家们的反抗，但它对人们的发展所起的作用和影响却丝毫也不因此而受到干扰”①。只有将目光聚焦于人的生存现实上，任何深奥的哲学问题才会还原为某种经验的事实。

（三）马克思关注世界历史的个人而非地域性的个人

对于人类的历史，马克思认为，就内容而言，历史不过是人的有目的的活动；就形式而言，历史不外是各个时代的依次交替；就主体而言，人既是历史的“剧作者”，也是历史的“剧中人”。这说明，马克思主义历史科学才是真正的历史科学，它科学地揭示了人类历史发生、发展的秘密，其最征服人的地方就在于从人本身的现实需要出发来解释人的活动，而不是从某种外在的或者臆想的标准出发来裁剪历史，这才是将历史的内容真正还给了历史。马克思看到，生产力的普遍发展会导致交往的扩大和加深。生产从简单向复杂、从低级向高级、从一地到多地的变化，必然带来人与人之间依赖感的加深和互动性的加强，这种普遍交往既促进了商品和信息的流动，也促进了人的交往和发展。

对于资本主义社会，马克思认为，它是人类历史发展到一定程度的必然结果，资本的增殖性和扩张性决定了世界市场的产生，决定了历史必然会走向世界历史，决定了全世界无产阶级的联合成为可能，所以，马克思恩格斯指出：“无产阶级只有**在世界历史意义上**才能存在，就像共产主义——它的事业——只有作为‘世界历史性的’存在才有可能实

① 马克思，恩格斯．马克思恩格斯文集：第1卷．北京：人民出版社，2009：545.

现一样。”[①] 这意味着，在经济全球化已经成为铁的事实的时代，我们必须以自觉的意识和开放的胸襟去创造新的文明。反过来说，“历史向世界历史的转变，不是‘自我意识’、世界精神或者某个形而上学幽灵的某种纯粹的抽象行动，而是完全物质的、可以通过经验证明的行动，每一个过着实际生活的、需要吃、喝、穿的个人都可以证明这种行动”[②]。

在《共产党宣言》中，这种世界历史逻辑得到了进一步的论证。马克思恩格斯指出：“资产阶级，由于开拓了世界市场，使一切国家的生产和消费都成为世界性的了。”[③] 由于资本必须给自己寻找更廉价的原料产地和更广阔的销售市场，它就需要奔走于全球各地，到处落地生根、建立联系。资产阶级使农村从属于城市，使农业的民族从属于工业的民族，使未开化的国家从属于文明的国家，使东方从属于西方，这便是全球化时代的最大现实。经济的全球化使生产要素也在全球范围内流动，但是，资本是其背后的决定性力量，既然有资本，就有剥削与被剥削的分化，就有资产阶级与无产阶级的分化，就有世界范围内的人遭受资本剥削和压迫的现象，因而，资本的全球化必然伴随着资本主义基本矛盾的全球化，这是全球化背景下的生存现实。所以，马克思认为，在联合的基础上，无产阶级可以通过革命或者其他方式成为统治阶级，进而“用暴力消灭旧的生产关系”，这意味着阶级对立以及阶级自身存在的条件将消失，这便是自由人的联合体实现的现实基础。

可见，人是马克思主义的中心议题。共产主义理想包含着对人的本

① 马克思，恩格斯．马克思恩格斯文集：第1卷．北京：人民出版社，2009：539.

② 同①541.

③ 马克思，恩格斯．马克思恩格斯文集：第2卷．北京：人民出版社，2009：35.

质属性、现实境遇和未来出路的系统性理解，这种理解为共产主义理想注入了人文性和科学性，所以，**科学的理论孕育了崇高的理想，崇高的理想包含着浓厚的人文关怀。共产主义社会所实现人的自由全面发展，绝非一种抽象的自我意识和人本哲学，而是暗含着对现实的经济问题的人类学回答。**

二、共产主义意味着物质条件的丰足

重视人，就要重视人的经济生活状况。但是，资本主义早期的生产和分配状况使马克思坚定了共产主义要实现人的经济平等的决心。1843年，马克思在巴黎的工厂惊奇地发现："工人生产的财富越多，他的生产的影响和规模越大，他就越贫穷。工人创造的商品越多，他就越变成廉价的商品。物的世界的**增值**同人的世界的**贬值**成正比。"① 更让马克思惊奇的是，所有的国民经济学家都没有说清产生这种现象的根本原因，而马克思则指出："**私有财产**是**外化劳动**即工人对自然界和对自身的外在关系的产物、结果和必然后果。"② 所以，私有财产才是导致工人贫困的根本原因，人和自己生产的产品一样，都服从于资本的指挥和操控，"工人生产资本，资本生产工人，因而工人生产自身，而且作为**工人**、作为**商品**的人就是这整个运动的产物。"③ 由此开始，马克思的注意力开始转向现代商品经济以及受其制约的工人阶级的解放问题，它也因此构

---

① 马克思，恩格斯．马克思恩格斯文集：第1卷．北京：人民出版社，2009：156.

② 同①166.

③ 同①170.

成了共产主义理想的经济维度。

（一）共产主义意味着生产的发展

人只有先解决了吃、穿、住、用、行的问题之后，才能进行其他的社会活动，没有了人的感性的需要，以及为了满足这种需要而进行的社会生产，经济生活就没有方向和内容，但是，在马克思主义诞生之前，很少有人将这一问题提升到哲学的高度进行思考，更鲜有人将其与人类历史的发展过程和基本性质联系起来讨论。为此，恩格斯在《在马克思墓前的讲话》中专门指出：“正像达尔文发现有机界的发展规律一样，马克思发现了人类历史的发展规律，即历来为繁芜丛杂的意识形态所掩盖着的一个简单事实：人们首先必须吃、喝、住、穿，然后才能从事政治、科学、艺术、宗教等等；所以，直接的物质的生活资料的生产，从而一个民族或一个时代的一定的经济发展阶段，便构成基础，人们的国家设施、法的观点、艺术以至宗教观念，就是从这个基础上发展起来的，因而，也必须由这个基础来解释，而不是像过去那样做得相反。”[①]

对人的生存的物质事实的发现是马克思主义哲学诞生的根本秘密。这是因为，只有从哲学上重视并确定了物质生产的逻辑，人类的物质生产劳动才会获得根本的存在论承认，在此前提下，我们才能旗帜鲜明地反对全部的形而上学，尤其是能够有力地驳斥那种依靠“最高存在物”或者“自我意识”来理解人类历史的形而上学的观点。实际上，这是整个马克思主义的理论根基。所以，马克思恩格斯强调，物质生活的生产是人类历史的第一个前提，也是一切历史的第一个前提，任何历史观的

① 马克思，恩格斯．马克思恩格斯文集：第 3 卷．北京：人民出版社，2009：601.

第一件事就是要注意这一事实的全部意义和范围。遗憾的是，“德国人从来没有这样做过，所以他们从来没有为历史提供**世俗**基础，因而也从未拥有过一个历史学家”[①]。与此同时，马克思恩格斯指出，“共产主义和所有过去的运动不同的地方在于：它推翻一切旧的生产关系和交往关系的基础，并且第一次自觉地把一切自发形成的前提看做是前人的创造，消除这些前提的自发性，使这些前提受联合起来的个人的支配。因此，建立共产主义实质上具有经济的性质”[②]。

在《共产党宣言》中，我们发现，尽管马克思恩格斯指出了阶级斗争对于人类历史的巨大推动作用，但是，这只是表面现象，因为阶级不会凭空产生，阶级斗争更不可能凭空发生，政治问题的背后是经济问题，阶级斗争是社会生产矛盾的政治反映，所以，正是在这篇被誉为“共产主义的纲领性文件”中，马克思恩格斯指出，无产阶级在“夺取资产阶级的全部资本，把一切生产工具集中在国家即组织成为统治阶级的无产阶级手里，并且尽可能快地增加生产力的总量”[③]。此后，恩格斯在《恩格斯致约瑟夫·布洛赫》的信中又一次强调指出：“根据唯物史观，历史过程中的决定性因素**归根到底**是现实生活的生产和再生产。无论马克思或我都从来没有肯定过比这更多的东西。”[④]可见，对生产逻辑的强调是马克思恩格斯共同的理论主张，无论在过去的人类社会，还是在未来的共产主义社会，生产的逻辑始终是所有问题的第一逻辑。

---

① 马克思，恩格斯．马克思恩格斯文集：第1卷．北京：人民出版社，2009：531.

② 同①574.

③ 马克思，恩格斯．马克思恩格斯文集：第2卷．北京：人民出版社，2009：52.

④ 马克思，恩格斯．马克思恩格斯选集：第4卷．北京：人民出版社，2012：604.

（二）共产主义意味着技术的进步

重视生产意味着重视生产技术，这是马克思新唯物主义的自然要求。马克思恩格斯指出："没有蒸汽机和珍妮走锭精纺机就不能消灭奴隶制；没有改良的农业就不能消灭农奴制；当人们还不能使自己的吃喝住穿在质和量方面得到充分保证的时候，人们就根本不能获得解放。"[①]这句话体现了马克思主义的现实感。共产主义需要高度发达的物质条件做基础，但是，这种物质条件是物质财富，不是现成的摆在那里供人取用的自然物，因为从自然资源变成劳动产品，再从劳动产品变成可供交换和买卖的商品，毕竟代表了人类认识自然和改造自然的不同阶段，在此过程中，技术变革起到了非常巨大的作用，在这种意义上，一部劳动工具的演化史就是一部人类的发展史，就是一部人类走向自由的历史。

无怪乎恩格斯在《在马克思墓前的讲话》中特别指出："在马克思看来，科学是一种在历史上起推动作用的、革命的力量。任何一门理论科学中的每一个新发现——它的实际应用也许还根本无法预见——都使马克思感到衷心喜悦，而当他看到那种对工业、对一般历史发展立即产生革命性影响的发现的时候，他的喜悦就非同寻常了。"[②]与空想社会主义理论家不同，马克思所强调的共产主义具有实质的内涵，他不仅重视生产，而且重视生产要素。所以，在撰写《资本论》时，马克思特别注意到化肥和农药的使用对土地生产率的促进作用。恩格斯晚年更是指出："社会一旦有技术上的需要，这种需要就会比十所大学更能把科学推向前

① 马克思，恩格斯．马克思恩格斯文集：第 1 卷．北京：人民出版社，2009：527.

② 马克思，恩格斯．马克思恩格斯文集：第 3 卷．北京：人民出版社，2009：602.

进。”[①]可见，马克思主义创始人都已经明确地看到了科学技术对于生产的促进作用，而这同时也构成了共产主义经济维度的重要内容。

（三）共产主义意味着分工的消除

无论是人类之前所经历的奴隶社会和封建社会，还是正在经历的资本主义社会和社会主义社会，分工都是一个随处可见的现象，这里的区别仅仅在于，在自然经济时代，分工更具有偶然性，而在工业经济和商品经济时代，分工已经体现为必然性，体现为城市和乡村、男性和女性、体力劳动和脑力劳动、生产和消费、享受和劳动、特殊利益和共同利益等多组辩证关系，应该说，现代社会的复杂性恰恰体现在这里。但是，马克思恩格斯告诉我们：“分工和私有制是相等的表达方式，对同一件事情，一个是就活动而言，另一个是就活动的产品而言。”[②]可见，分工只是形式和结果，而私有制才是前提和内核，生产资料的私有制主导着整个社会资源的分化和流动。在马克思主义看来，所谓的“所有制”就是对他人劳动力的支配，而不是什么与人无关的客观存在物，所以，作为批判并超越资本主义的高级社会形态，共产主义必须消除资本主义的分工和生产资料的私有制，这也因此构成共产主义经济维度的另一项重要内容。

马克思认为，之所以有这么复杂的社会分工，除了私有制这个根本前提之外，还有每个人所追求的特殊利益这一直接原因，受这个原因的驱使，市民社会中的人必然会相互竞争甚至彼此戕害，社会共同体是

① 马克思，恩格斯．马克思恩格斯选集：第4卷．北京：人民出版社，1995：732.

② 马克思，恩格斯．马克思恩格斯文集：第1卷．北京：人民出版社，2009：536.

一种虚假的共同体，没有人能够真正代表社会的普遍利益。在这种情况下，任何人其实都生活在社会强加给他的特殊的活动范围之内，这种范围并非其自愿选择，而是社会的自然分工，所以，他在社会中感到的不是喜悦，而是痛苦，“只要他不想失去生活资料，他就始终应该是这样的人”[①]。但是，在共产主义社会，分工将会消失。“在共产主义社会里，任何人都没有特殊的活动范围，而是都可以在任何部门内发展，社会调节着整个生产，因而使我有可能随自己的兴趣今天干这事，明天干那事，上午打猎，下午捕鱼，傍晚从事畜牧，晚饭后从事批判，这样就不会使我老是一个猎人、渔夫、牧人或批判者。”[②]这里，马克思恩格斯是想告诉我们，分工的消除是共产主义社会的主要标志，当然，这只是表面现象，要真正地消灭分工和地域性的共产主义，必须产生真正的无产阶级，这种阶级是一种世界历史意义上的存在，它没有自己的特殊利益，而是代表着人类社会的普遍利益，它超越了狭隘的阶级立场和分工限制，代表了真正的人类历史的开启。

可见，马克思的共产主义理想并不是空想，而是包含着十分明确的经济方面的内容，具体说就是对资本主义私有制的批判和超越。尽管私有制促进了生产力的飞跃，但也造成了人的异化，而“对异化的扬弃只有通过付诸实行的共产主义才能完成”[③]。这便是共产主义运动的经济使命。

---

①② 马克思，恩格斯．马克思恩格斯文集：第1卷．北京：人民出版社，2009：537.

③ 同①231.

三、共产主义意味着政治和社会的解放

共产主义社会是人类社会发展的最高阶段。无论是马克思对无产阶级和全人类命运的关注，还是对资本主义经济制度的批判，最终都指向共产主义这个超越性的社会形态。共产主义社会的崇高性和优越性最终还是体现在政治维度上，因为极大的物质财富的积累只是共产主义社会的经济基础，而人的自由全面发展才是共产主义社会超越之前的人类社会的根本方面，所以，讲共产主义理想的崇高性必须讲到这一理想的政治维度上来。

（一）共产主义意味着劳动与资本之间关系的和解

在共产主义社会之前的所有人类社会中，生产主体和分配主体之间的不对等造成的阶层冲突和阶级冲突始终是个历史难题，尤其对于以自由、平等、博爱为原则的资本主义社会而言，这个问题不仅依然存在，而且大有愈演愈烈之势。我们也看到，当代资本主义社会已经认识到了这个问题，并且做出了较大的政策调整和制度优化。但是，这些措施都治标不治本，因为资本主义社会的基本矛盾并未改变，主导资本主义政治运行的后台力量依然是资本的逻辑，所以，资本主义所谓的民主、自由、平等和博爱其实都包裹在金钱外衣之下，这便是今日的资本主义依然问题频现的根源。

马克思主义诞生在资本主义社会，但是，它不是为这个社会唱赞歌，而是为这个社会找出路。资本主义不仅生产出了庞大的社会财富，而且生产出了庞大的无产阶级，资本主义社会的这种两重性是由资本的

两重性决定的。资本的两重性实际上代表了构成资本的两个矛盾的方面，作为资本方代表的资产者，他必须以资本的扩张、增殖和积累为重点，他只关心正常的生产和最终的盈利，至于劳动者本身是否贫困，是否健康，他不会在乎；对劳动方代表的劳动者而言，他必须通过各种方式去保证自己不丧失劳动机会和劳动能力，只有这样，他才能养活自己，积累起较多的生存资料，甚至变成所谓的中产阶级。问题在于，一旦资本增长缓慢，甚至陷入停滞，资本与雇佣劳动者之间的这种相对和谐的局面就会迅速被打破。作为资本方，他必须立刻调整投资计划，以便使损失降到最低点，并另觅机会使资本增殖；作为劳动方，他也必须瞄准市场需求，并进行相应的能力和岗位培训，以便及时找到新的就业机会甚至参与新一轮的资本游戏。所以，在资本主义社会下，资本走向哪里，劳动者就要跟到哪里，双方看起来你情我愿，实际上包含着不平等。马克思所解释和解决的正是这种不平等，这也因此成为共产主义者的政治任务。

马克思曾指出："在共产主义社会高级阶段，在迫使个人奴隶般地服从分工的情形已经消失，从而脑力劳动和体力劳动的对立也随之消失之后；在劳动已经不仅仅是谋生的手段，而且本身成了生活的第一需要之后；在随着个人的全面发展，他们的生产力也增长起来，而集体财富的一切源泉都充分涌流之后，——只有在那个时候，才能完全超出资产阶级权利的狭隘眼界，社会才能在自己的旗帜上写上：各尽所能，按需分配！"[①]这句话表明，在共产主义社会，劳动已经不是雇佣劳动，不是那种不对等的劳动和智力付出，而是自由自觉的活动，因为私有制和

① 马克思，恩格斯．马克思恩格斯选集：第 3 卷．北京：人民出版社，1995：305–306.

阶级对立已经消失，整个社会由自由人的联合体组成。社会根据人的有效需求调整生产，不存在剩余产品和剩余劳动，因而也就不存在生产和分配之间的冲突，人类生活在一种高度理性化的生产生活之中。

（二）共产主义意味着人与人之间关系的和解

恩格斯曾总结道："现代社会主义，就其内容来说，首先是对现代社会中普遍存在的有财产者和无财产者之间、资本家和雇佣工人之间的阶级对立以及生产中普遍存在的无政府状态这两个方面进行考察的结果。"[①] 在此，他所谓的"现代社会主义"，其实指的就是作为超越维度的共产主义理论。在经济层面，它指向资本主义政治和经济之间的不平衡性，其内容就是"生产的社会化同生产资料私人占有制之间的矛盾"；在人学层面，它指向有财产者和无财产者之间、资本家和雇佣工人之间的不平衡性，也即"无产阶级和资产阶级的对立"。当然，这两个层面是统一的，因为马克思主义的世界观和方法论具有高度统一性，经济领域的矛盾就是人和人之间的矛盾，经济问题只是突破口，人的问题才是根本点。

从早年遭遇的物质利益问题开始，马克思首先关注的是农民问题，而在巴黎遭遇了异化劳动的问题之后，他开始关注工人阶级，此后，工人和农民的现实境况、工业和农业的发展状况始终是马克思关注的核心问题，其实，马克思晚年关注的东方社会的村社制度、种姓制度及其发展道路也是对这一问题的深化和拓展。正是基于这一问题意识，马克思主义的创始人既看到了人类历史的冲突，也看到了当代社会的冲突。恩

① 马克思，恩格斯．马克思恩格斯文集：第3卷．北京：人民出版社，2009：523.

格斯分析指出："正如从前工场手工业以及在它影响下进一步发展了的手工业同封建的行会桎梏发生冲突一样，大工业得到比较充分的发展时就同资本主义生产方式对它的种种限制发生冲突了。新的生产力已经超过了这种生产力的资产阶级利用形式；生产力和生产方式之间的这种冲突，并不是像人的原罪和神的正义的冲突那样产生于人的头脑中，而是存在于事实中，客观地、在我们之外、甚至不依赖于引起这种冲突的那些人的意志或行动而存在着。现代社会主义不过是这种实际冲突在思想上的反映，是它在头脑中，首先是在那个直接吃到它的苦头的阶级即工人阶级的头脑中的观念上的反映。"① 可见，对于工业时代的社会冲突，无产阶级的感受最直接，尽管工人阶级人数庞大，但地位最弱，最没有发言权，这便是资本主义矛盾的典型写照。

很显然，资本主义社会也是阶级社会，但共产主义社会不是。"共产主义并不剥夺任何人占有社会产品的权力，它只剥夺利用这种占有去奴役他人劳动的权力。"② 这意味着，共产主义社会并不是对阶级问题进行身份区别和肉体消灭，而是要建立更公平和更高效的社会制度，以消除阶级产生的社会土壤。当然，这个过程不可能一蹴而就，因为"共产主义对我们来说不是应当确立的**状况**，不是现实应当与之相适应的**理想**。我们所称为共产主义的是那种消灭现存状况的**现实的**运动。这个运动的条件是由现有的前提产生的"③。所以，阶级对立不是一天产生的，也不可能一天就消灭，这种消灭是一个社会历史的过程，这个过程

① 马克思，恩格斯．马克思恩格斯文集：第 3 卷．北京：人民出版社，2009：548.

② 马克思，恩格斯．马克思恩格斯文集：第 2 卷．北京：人民出版社，2009：47.

③ 马克思，恩格斯．马克思恩格斯文集：第 1 卷．北京：人民出版社，2009：539.

中肯定充满了斗争、复辟、谈判、妥协和退让等诸多形式，但是，所有这些形式和过程最终必然指向人与人之间的和解，因为人类要生存和发展就必须共同运用正义这把钥匙来分配自己所创造的社会财富，来平衡人与人之间的利益关系，这也是食利者阶层必然要退出历史舞台的根本原因。

（三）共产主义意味着人与自然的和解

没有自然，我们什么也生产不了，“正是在改造对象世界的过程中，人才真正地证明自己是**类存在物**。这种生产是人的能动的类生活。通过这种生产，自然界才表现为**他的**作品和他的现实”[①]。但是，自然在为人类提供生存资料和生产资料的同时，无法限制人类的生产欲望，因为资本会带着更为先进的生产工具奔走于世界各地，以便获得更为廉价的原料和劳动力。当然，有人会说，今天人工智能的发展使得人对自然的需求和破坏似乎更小一点，但是，我们依然要强调，人工智能也不是自然的造物，而是人工造物的一种，既然是人工造物，它就和诸多人工产品一样，必然会破坏自然以及人与自然之间天生的平衡，这是技术和工业现代化的必然结果。

马克思主义不仅重视经济危机，而且也重视生态危机。恩格斯曾批判道：“西班牙的种植场主曾在古巴焚烧山坡上的森林，以为木灰作为肥料足够最能赢利的咖啡树利用**一个**世代之久，至于后来热带的倾盆大雨竟冲毁毫无保护的沃土而只留下赤裸裸的岩石，这同他们又有什么相

① 马克思，恩格斯．马克思恩格斯文集：第1卷．北京：人民出版社，2009：163.

干呢？"[①] 这便是传统的发展方式所付出的环境代价，很多国家在经济发展过程中都经历过这种发展模式，但是，这种发展模式归根到底是一种零和博弈。所以，恩格斯在 19 世纪就指出，"在今天的生产方式中，面对自然界和社会，人们注意的主要只是最初的最明显的成果，可是后来人们又感到惊讶的是：取得上述成果的行为所产生的较远的后果，竟完全是另外一回事，在大多数情况下甚至是完全相反的；需求和供给之间的和谐，竟变成二者的两极对立"[②]。实际上，马克思恩格斯都在"雾都"生活过，熟知自然的历次浩劫，所以，他们不仅重视生产，而且重视分配；不仅重视经济，而且重视政治；不仅重视社会，而且重视自然。他们这么做，完全符合唯物辩证法。共产主义天然地包含着对人与自然关系的重视与理解。

很显然，马克思主义是一种大智慧，它思考并回应的都是人类社会的根本问题，而不是道德层面的情感控诉或宗教层面的脱离尘世。所以，从对现代工人阶级的异化劳动的研究入手，马克思发现了私有制的秘密。但是，私有制一定不是最好的制度，因为它造成了人与人、人与自我、人与自然的整体性紧张与对抗。所以，作为人类社会发展的未来目标，"共产主义，作为完成了的自然主义，等于人道主义，而作为完成了的人道主义，等于自然主义，它是人和自然界之间、人和人之间的矛盾的**真正**解决，是存在和本质、对象化和自我确证、自由和必然、个体和类之间的斗争的真正解决。它是历史之谜的解答，而且知道自己就

---

① 马克思，恩格斯．马克思恩格斯文集：第 9 卷．北京：人民出版社，2009：562–563.

② 同①563.

是这种解答”[①]。

从中国共产党诞生的那一天起，中国共产党人就将马克思主义作为自己的远大理想。人本维度、经济维度和政治维度的有机共融使这一理想体现出无比的崇高性。这种崇高是一种真正的崇高，这种理想是一种真正的理想。为了这个理想而奋斗，是一件无上光荣的事情。所以，习近平同志指出：“我们党是否坚强有力，既要看全党在理想信念上是否坚定不移，更要看每一位党员在理想信念上是否坚定不移。95 年来，共产主义远大理想激励了一代又一代共产党人英勇奋斗，成千上万的烈士为了这个理想献出了宝贵生命。‘砍头不要紧，只要主义真’，‘敌人只能砍下我们的头颅，决不能动摇我们的信仰’，这些视死如归、大义凛然的誓言生动表达了共产党人对远大理想的坚贞。”[②]

---

① 马克思，恩格斯．马克思恩格斯文集：第 1 卷．北京：人民出版社，2009：185–186.

② 习近平．在庆祝中国共产党成立 95 周年纪念大会上的讲话．人民日报，2016－07－02.

第二章

建设最强大的政党是使命所使

天行健，君子以自强不息；地势坤，君子以厚德载物。

几千年来，中国这个古老的东方大国文脉绵延不断，虽然历经衰落曲折，却总能自我更新、奋发图强。哲学家张岱年先生用“自强不息、厚德载物”来概括中国文化的精髓。**这种刚健有为的精神深深渗透到中华文明的血液中，也成为中华文明的传承者和弘扬者——中国共产党的内在品格。**

19 世纪中叶以来，曾经创造过辉煌物质文明和精神文明的中华民族遭遇了来自西方工业文明的挑战，山河破碎、生灵涂炭，中华民族面临前所未有的危机。无数仁人志士奔走探索救国救民之道。在屈辱与动乱中，中国人梦寐以求的便是主权统一、民族独立、国家富强。

中国向何处去？中华民族的前途命运在哪里？这是盘桓在爱国志士们心头最深重的追问。中国共产党就在这种求索中应运而生。1922 年，中国共产党第二次全国代表大会第一次将民主革命目标同社会主义革命目标结合起来，提出“消除内乱，打倒军阀，建设国内和平；推翻国际帝国主义的压迫，达到中华民族完全独立；统一中国为真正的民主共和国”

的民主革命纲领，为灾难深重的中华民族获得独立和解放指明了方向。

诞生于世界民族解放运动大潮和社会主义运动洪流中的中国共产党，既是中国工人阶级的先锋队，同时也是中国人民和中华民族的先锋队。这决定了从成立伊始，中国共产党就是一个肩负艰巨使命的政党，这份沉甸甸的使命是多重的：**她要“守正”，牢记复兴中华民族的历史使命，救民族于水火、续中华之文脉、扬中国之雄威；她更要“出新”，开辟新天地、建立共和国，推动国家现代化、跟上世界的步伐，实现共同富裕、体现公平正义。总而言之，她走出的路既要是“中国的”，又要是“社会主义的”，要在革命、建设、改革的过程中将马克思主义普遍真理与中国具体实践相结合，走出一条不同于西方资本主义模式的新路。**

“路漫漫其修远兮，吾将上下而求索。”近百年以来，中国共产党一直倾听着中国人民的脉搏，在追求主权统一、民族独立、国家富强、人民幸福的道路上勇往直前，如今，更是昂首阔步行进在中国特色社会主义道路上，向着中华民族的伟大复兴冲刺。党的十九大报告指出，“不忘初心，牢记使命”。中国共产党人的初心和使命就是为中国人民谋幸福，为中华民族谋复兴。而实现这一伟大梦想，就必须进行伟大斗争，建设伟大工程，推进伟大事业。肩负艰巨使命的中国共产党必须坚定、自信而强大，才能掌好中国这艘巨轮的舵。

一、现代化的目标决定中国共产党必须强大

我们讨论中国共产党的使命，首先要回答的一个问题是：中国共产党是一个什么样的政党？毫无疑问，她与美国民主党、共和党，英国保

守党、工党这些政党都不一样。不能理解这个差异，就没法理解中国共产党的使命。要理解中国共产党，必须将其置身于世界的舞台、历史的洪流中来考察。

从世界史角度看，中国共产党萌芽和诞生之际，中国已经告别了泱泱大国的辉煌岁月，处在风雨飘摇中。那是一个什么样的时代呢？可以说，那是西方世界在现代化的进程中饱尝甜头的时代，也是很多殖民地国家深陷“落后就要挨打”的噩梦，从而奋起直追的时代。这是西方与非西方世界较量的结果，而这一较量则源于西方的“现代化”进程。

欧洲人用了四个世纪（1500—1900 年）的时间在世界范围内建立起统治地位。第一次世界大战之前，欧洲成为名副其实的“世界的主人”。而欧洲这种前所未有的扩张，依靠的是不断加速的现代化进程。现代化进程早在文艺复兴、宗教改革、技术发展、资本主义企业建立、国家建设和海外扩张就开始了，而工业革命、科学革命和政治革命这三大革命则给欧洲带来了势不可挡的力量。“人类物质文化的变化在过去的 200 年中比此前 5 000 年中发生的变化还要巨大。”[①]

正是西方迅猛的现代化进程拉开了它与非西方世界的距离，使西方在经济、政治、文化各方面取得绝对优势。从 19 世纪开始，现代化成为全世界的主流议题。比较世界上主要国家现代化的历程，至少有以下三个路径[②]：

第一，英国－美国式的商人阶层主导模式。新大陆的发现启动了

---

① 斯塔夫里阿诺斯．全球通史：从史前史到 21 世纪．北京：北京大学出版社，2005：477.

② 杨光斌．制度变迁的路径及其理论意义：社会中心论、国家中心论、政党中心论 // 杨光斌．政治变迁中的国家与制度．北京：中央编译出版社，2011：182–244.

贸易全球化，这刺激了欧洲国家追求财富的欲望，成为欧洲国家成长的重要动力。在欧洲的海外扩张中，商人阶层扮演了举足轻重的角色，商人阶层利益与国家利益高度一致，国家实行重商主义，保护商人阶层利益。工业革命后，国家更是实行经济自由主义，国家扮演的最大作用就是资产阶级的“守夜人”，正如马克思所说：“现代的国家政权不过是管理整个资产阶级的共同事务的委员会罢了。”[①] 英国的商人阶层利益顺利变成国家利益，而美国则是直接由实业家进行治理的国家。

第二，德国–日本式的官僚体系主导模式。以军国主义、官僚体系为主导的制度变迁路径，构成了德国–日本式的“国家中心主义”现代化道路。

第三，俄国–中国式的政党组织主导模式。在俄国和中国，当专制君主制和官僚体系崩溃时，在无政府状态下重建国家秩序的任务落在了政党的身上。这样，不同于早发国家，政党并非产生于宪政结构之下，而是国家危机的产物。**不是国家秩序产生了政党，而是政党建构了国家秩序**。政党创建了军队，并建立了新的国家秩序，由此产生了国家秩序内的议会、政府和社会团体。

从比较现代化的视角看，中国共产党扮演着组织秩序、推动现代化的重要作用，身上具有双重属性：一方面，她是马克思主义与中国工人阶级运动相结合的产物，是具有阶级属性的工人阶级政党；另一方面，她诞生于第一次世界大战后波涛汹涌的民族主义浪潮中，肩负着民族解放重任，这集中体现在她“两个先锋队”的性质上。

因此，当我们讨论中国共产党的历史使命时，首先就需要明确其

① 马克思，恩格斯．马克思恩格斯文集：第 2 卷．北京：人民出版社，2009：33.

"双重属性"。这就决定了，虽同为政党，但背后的内涵却有着显著区别。

在西方的概念里，政党是"party"，代表的是部分（part）主张和利益，是既定的国家结构内部产生的利益集团。以现代政党政治诞生的摇篮——英国为例。在英国，现代政党政治产生于19世纪30年代，距离奠定政体结构的"光荣革命"已经过去一个多世纪。此时工业革命正如火如荼，新兴工业资产阶级迫切需要在议会分享权力，因此统治阶级内部形成了代表土地贵族、金融贵族和大商人利益的保守党与代表工业资产阶级利益的自由党。到了19世纪中叶，因为选举权的扩大，两党逐步发展成为全国性政党。所以，英国政党从产生之初起就是利益集团性质的。美国也类似。

再看资本主义国家内部的工人阶级政党。19世纪60年代以后，欧洲各国陆续成立了社会民主党，代表工人阶级利益进行斗争。虽然在成立初期，社会民主党所奉行的理念与科学社会主义是一致的，但是经过第一次世界大战之后，社会民主党的斗争策略逐渐转化为议会选举、议会内斗争和工会斗争，转向和平、渐进的改良主义。所以，资本主义国家内部诞生的工人阶级政党也是在既定的国家框架内活动的。

诞生于民族解放运动中的马克思主义政党则大不相同。英美式资产阶级政党是在既定的宪政结构之中诞生的一种利益集团性质的政党，欧洲无产阶级政党也是在资产阶级主导的现代化过程中出现的一种体现阶级利益的政治组织，所以，无论是资产阶级政党还是资本主义国家内的无产阶级政党，说到底都是如何适应国家现代化的问题；**而中国共产党是在现代化国家失败中诞生的，其使命是如何把国家组织起来并建设好，即如何引领现代化。现代化的目标决定了这样的政党必须强大。**

“一个现代化中政治体系的安定，取决于其政党的力量。一个强大的政党能使群众的支持制度化。政党的力量反映了大众支持的范围和制度化水平。凡达到目前和预料到的高水平政治安定的发展中国家，莫不至少有一个强有力的政党。”①

二、民族复兴的使命决定中国共产党必须强大

21世纪以来，中国经济高速平稳增长，接连超过英、法、德、日，于2010年成为世界第二大经济体。这一成就引来世界瞩目。经合组织、国际货币基金组织、高盛集团、英国《经济学人》等西方机构纷纷预测中国何时会超越美国，成为世界最大经济体。

如果说以往西方人谈论中国崛起更多是从经济的意义上而言，那么，21世纪第三个十年即将到来之际，学者和观察家们开始以大国的综合视角观察中国的崛起，认为中国崛起将重塑世界秩序。

有学者指出，在过去300年的人类历史中，只有四个历史事件的重要性可与中国崛起相比拟：一是18世纪的英国工业革命；二是1789年的法国大革命；三是1917年俄国十月革命；四是19世纪末20世纪初美国崛起。这四个事件塑造了19世纪与20世纪的世界格局。“当前，人类社会正处于一个数百年难遇的‘巨变时代’。中国兴起将带动21世纪全球秩序重组，带动非西方世界全面崛起，由此全面提升了非西方世界国家在全球协调与治理体制内的发言权，西方国家独占人类历史舞台

① 亨廷顿．变革社会中的政治秩序．北京：华夏出版社，1988：396.

的时代即将结束。”[①]有学者认为，中国崛起改变的将不仅是世界经济格局，还将彻底动摇西方人的思维和生活方式[②]。还有学者提出，自15世纪末以来的500多年里，以葡萄牙这一海上帝国为开端，西班牙、荷兰、英国、法国、德国、美国、日本和俄罗斯与苏联先后成为了全球超级大国。中国正在试图加入它们的行列，在全球权力结构中获得自己的一席之地。如果中国实现了和平崛起——在不发动战争，不掠夺、奴役、占领别的国家的情况下成为了一个超级大国，那么中国将是人类历史上第一个不依靠侵略他国而崛起的世界大国[③]。

“中国崛起”成为21世纪炙手可热的话题。2015年在北京的“中国发展高层论坛”上，92岁的美国前国务卿基辛格却给出了一个不一样的论断，他认为：**“中国不是崛起，而是复兴。”**

为什么说中国不是崛起，而是复兴？西方人说“中国崛起”，是从19世纪中国遭遇的总体性危机开始算起的。事实上，西方人眼中的中国大多是以19世纪为起点，而这正是漫长的中华文明处在最低谷的时刻，因此会给西方造成积贫积弱的印象。然而，如果我们把视线放长，从长历史周期来观察，中国在历史上创造了巨大的物质财富和精神财富，而这些辉煌的记忆则造就了中华文明的底气。

经济史学研究表明，中国在近2 000年的时间里，一直是世界上最大的经济体。同亚洲的其他国家或中世纪的欧洲相比，它有着更为密集的城市化程度和更高的人均国民收入。具体而言，从公元元年直至

---

① 朱云汉．“巨变时代”呼唤“中国政治学”．北京日报，2016–01–25.

② 雅克．当中国统治世界：中国的崛起和西方世界的衰落．北京：中信出版社，2010.

③ 拉赫曼．中国将是人类历史上首个不依靠侵略而崛起的世界大国．观察者网，2016–05–09.

1700 年，中国 GDP 总量始终占世界 GPD 总量四分之一左右。1700 年，中国 GDP 总量占世界比重达到 22%，至 1820 年上升至 33%[①]。

中国经济的衰退与它的国运息息相关。在中日签订《马关条约》的 1895 年，中国 GDP 被美国超过，此后一路下滑，从 1920 年开始迅速跌至 1950 年的 5%。新中国成立后，中国经济开始复苏，特别是改革开放以来，中国 GDP 保持快速增长，现在，中国已经成为仅次于美国的第二大经济体。**从长周期经济史来看，中国经济表现经历了一个从领先到衰落再到复苏的“U”字形发展历程（见图 2–1）。因此，经济学家麦迪森也指出，“中国的经济发展不是一个崛起，而是一个复兴”。**

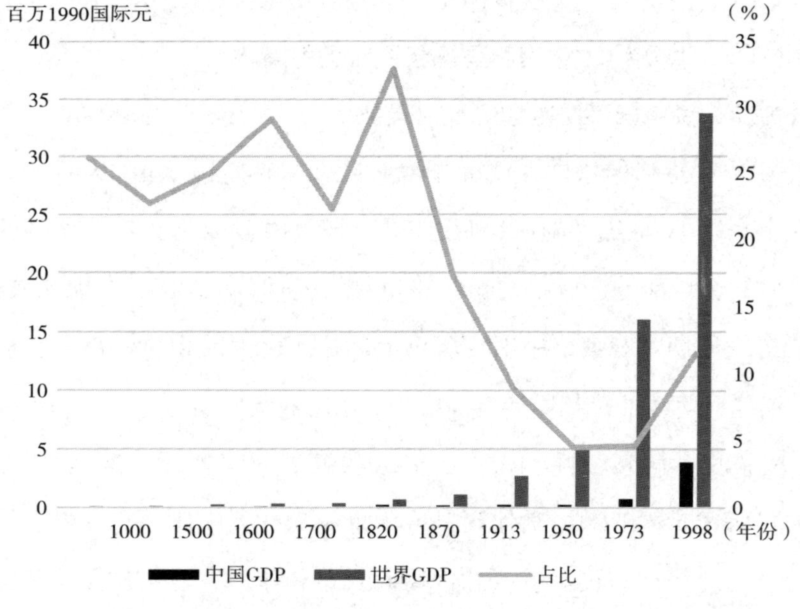

图 2–1　中国 GDP 及其世界占比（公元元年到 1998 年）

资料来源：麦迪森．世界经济千年史．北京：北京大学出版社，2003：259.

① 麦迪森．世界经济千年史．北京：北京大学出版社，2003：259.

同样，**政治学的研究表明，现代国家的要素在公元前 3 世纪的中国就已经具备，比欧洲要早整整 1 800 年**。中国很早就建立起统一、高效的中央政府。这套基于非人格化因素和能力任用官员的体制，比罗马的公共行政机构更为系统化，有利于管理众多人口和广阔疆域。“公元 1 年时，中国总人口可与罗马帝国媲美，而中国人口比例中受统一规则管辖的，要远远超过罗马。”[①] 中国很早就建立起了组织中央－地方关系、超越家族纽带的郡县制。研究发现，即使是公元 1100 年处于贫弱状态的中国，仍然比同时期的欧洲列国强大。与经济发达、组织良好、治理有效的中国相比，同时期的欧洲则是一盘散沙。数以百计的细小政治单位统治着有限的农业地区和规模不大的城市中心，彼此之间通常互相隔绝，各地经济生活也很少有密切联系[②]。基辛格在 2015 年“中国发展高层论坛”上提出：“**在过去的 1 800 多年中国都并不是一个崛起的国家，而是世界上最富有的国家，可能也是世界上最有组织的一个国家。**”

因此，**今天我们讨论中国共产党的使命，讨论中华民族的伟大复兴，绝不仅仅是 GDP 意义上的，也是政治道路意义上的，更是文明意义上的。只有把中国共产党的使命感置于中华文明千年脉络中，才能理解中国特色社会主义道路的历史意义和世界意义**。

中华文明的最大特点是统一和连续。从 6 世纪到 16 世纪整整 1 000 年，中国政治、社会和文化空前稳定，中国文明以其顽强的生命力和对

---

① 福山 . 政治秩序的起源：从前人类时代到法国大革命 . 桂林：广西师范大学出版社，2012：21.

② 这是麦克内尔（McNeill）在《追求权力：公元 1000 年以来的技术、武力和社会》一书中的基本观点。王国斌 . 转变的中国：历史变迁与欧洲经验的局限 . 南京：江苏人民出版社，1998：83.

人类文明的巨大贡献始终居于世界领先地位[①]。西方人讶异于“中华文明的一个特点是它似乎没有起点”。“在历史意识中，中国是一个只需复原、而无须创建的既有国家。”“中国历史上战乱频仍，中央政府几度荡然无存，天下大乱。然而仿佛受一条亘古不变的自然法则的左右，中央政权每次垮台，都会被重建。”“中华文化的精髓历经战祸考验，终得以延续。”[②]

美国哲学家威尔·杜兰特在其用50年时间完成的皇皇巨著《世界文明史》中毫不吝惜对中国文明的赞赏。该书写于20世纪30年代，正是中国处于半殖民地半封建社会的屈辱与混乱之际。杜兰特却认为中华民族复兴是大势所趋：“中国在以前死过好多次，好多次它都又复兴起来。”

从当时中国所处的境况来看，中国的前途似乎是无比悲观的。无论是荒废的田野、频发的天灾、贫穷的农民，还是婴儿的高死亡率、疾病肆虐的贫民窟，抑或是受贿赂蹂躏的商业、受外人控制的工业、政府的腐化、国防的薄弱、国家的四分五裂，等等，不禁让人怀疑：中国还会再强盛吗？

“世界上没有一个民族能像中国人那样的精力充沛，那样的聪慧，那样的能适应环境，那样的能抵抗疾病，那样的能忍受灾难和痛苦，那样的在历史的重压下能沉静忍耐和等待复原。这个拥有如此物质、劳力和精神的资源的国家，加上现代工业的设备，我们很难料想出她可能产

---

① 斯塔夫里阿诺斯．全球通史：从史前史到21世纪．北京：北京大学出版社，2005：253.

② 基辛格．论中国．北京：中信出版社，2012：1–3.

生的文明是什么样的文明。她很可能将会比美国更富有，很可能将会与古代的中国一样，在繁华和艺术的生活方面，居于领导世界的地位。”[①]

正是基于对中华文明的洞察，杜兰特认为，外来武力的胜利，或外国经济的专制，将无法长久地压迫这个资源和活力丰盛的国家。在这只雄狮尚未耗尽其元气以前，侵略者将会先行耗尽其金钱和耐力。在一个世纪之间，将会学会所有现代工业的技术，道路和交通将使全国统一，经济和节俭将带给她富裕，一个强有力的政府将带给她秩序与和平[②]。

今天看来，杜兰特的预言成为了现实。中国共产党正带领中国人民朝着实现中华民族伟大复兴的宏伟目标奋勇前进。党的十九大报告指出：“今天，我们比历史上任何时期都更接近、更有信心和能力实现中华民族伟大复兴的目标。”

三、“强起来”的追求决定中国共产党必须强大

坐落在天安门广场东侧的中国国家博物馆每天吸引大量中外游客前来参观欣赏。2012 年 11 月 29 日，中国国家博物馆迎来了一些特别的客人，那就是由习近平率领的第十八届中央政治局常委。在参观《复兴之路》时，习近平讲道：中华民族的昨天，可以说是“雄关漫道真如铁”；中华民族的今天，正可谓“人间正道是沧桑”；中华民族的明天，可以说是“长风破浪会有时”。

就是在这次参观展览时，习近平提出了中国梦的命题：“每个人都有理想和追求，都有自己的梦想。现在，大家都在讨论中国梦，我以

①② 杜兰特 . 世界文明史：东方的遗产 . 北京：华夏出版社，2009：594.

为，实现中华民族伟大复兴，就是中华民族近代以来最伟大的梦想。”[①] 承载着中华民族的梦想，牢记着中国人民的嘱托，自中国共产党建党近百年来，她一直不忘初心，牢记使命，那就是中华民族的伟大复兴。**如果我们在回顾中国共产党的百年历程时，时时以中华民族复兴作为关照，便抓住了主线、理清了脉络。**

（一）中华民族的昨天：雄关漫道真如铁

在历史上创造过璀璨的物质文明与精神文明的中国，步入近代以来却遭遇了巨大的屈辱。1840 年鸦片战争成为中国历史的转折点，甲午战争彻底摧毁了中华民族的自信心，令全中国为之悲恸——“四万万人齐下泪，天涯何处是神州？”[②]

在这一历史语境下，谋求主权统一、民族独立、民族复兴成为中国人的共同诉求。1921 年中国共产党的成立，给在黑暗中沉睡的中国大地点燃了生生不息的革命火种。在之后的 28 年中，中国共产党经历了土地革命、抗日战争、解放战争等，并最终在 1949 年建立了新中国，彻底结束了半殖民地半封建社会的历史和一盘散沙的局面，废除了不平等条约和帝国主义在中国的一切特权，初步实现了近一个世纪以来中国人的梦想：中国人扬眉吐气，重新站在了世界的面前。

---

① 中共中央文献研究室 . 十八大以来重要文献选编（上）. 北京：中央文献出版社，2014：84.

② 谭嗣同 . 谭嗣同全集 . 北京：中华书局，1981：540.

（二）中华民族的今天：人间正道是沧桑

儒家有言："士不可以不弘毅，任重而道远。"中国共产党领导中国人民建立了一个崭新的国家，方是"万里长征走完第一步"。距离中华民族复兴、国富民强的中国梦路途遥远、责任重大。**作为世界上最大的政党，也是最大的发展中国家的执政党，中国共产党"一代接着一代干"的政治定力和战略延续性举世无双。如果以中华民族伟大复兴这一历史使命为主轴，便能得出这样的观察：新中国成立以来的历史，就是中国共产党带领中国人民从"站起来"到"富起来"再到"强起来"的历史。**

第一，"站起来"。1949 年 9 月，中国人民政治协商会议第一届全体会议在北京召开。在会议上，毛泽东充满自信地说："我们的工作将写在人类的历史上，它将表明：占人类总数四分之一的中国人从此站起来了！"[①]

站起来的中国人欢欣鼓舞地投入社会主义建设中去。实现工业化是近代中国人的共同理想，中国共产党在新民主主义革命时期就以建立先进的工业国为奋斗目标；新中国成立后，在民族独立、人民解放的前提下，建立工业化强国的目标摆在了中国共产党的面前。历史表明，中国作为一个经济、文化落后的农业国家，通过社会主义实现工业化是强国的必由之路。

毛泽东指出，建设社会主义工业强国、赶超美国是中国义不容辞的责任，否则就要被"从地球上开除球籍"。1956 年，中国共产党第八次

---

① 王晓明．开国五大书记．北京：人民出版社，2009：343.

全国代表大会确定了社会主义建设的战略目标，即“尽可能迅速地实现国家工业化，有系统、有步骤地进行国民经济的技术改造，使中国具有强大的现代化的工业、现代化的农业、现代化的交通运输业和现代化的国防”[①]。这便是“四个现代化”的战略目标。

从 1949 年新中国成立到 1978 年党的十一届三中全会召开的 29 年，是中国共产党领导中国人民进行社会主义革命和社会主义建设的时期，实现了祖国大陆高度统一、建立人民民主专政的国家政权，建立了社会主义制度，实现和巩固了全国各族人民的大团结，初步建立起比较完整的国民经济体系，这些成就都是近百年来中国人梦寐以求的，为当代中国发展奠定了坚实基础。

第二，“富起来”。党的十一届三中全会以后，中国共产党做出把党和国家工作重心转移到经济建设上来、实行改革开放的历史性决策，成功地开创了中国特色社会主义。

1979 年末，邓小平指出，中国在 20 世纪的目标是“中国式的现代化”，即实现小康。“所谓政治，就是四个现代化。”[②]“所谓四个现代化，就是要改变中国贫穷落后的面貌，不但使人民生活水平逐步有所提高，也要使中国在国际事务中能够恢复符合自己情况的地位，对人类作出比较多一点的贡献。落后是要受人欺负的。”[③]

为了实现建设社会主义现代化国家的使命，中国共产党做出了“三步走”的战略部署：第一步，从 1981 年到 1990 年实现国民生产总值比

① 中共中央文献研究室 . 建国以来重要文献选编：第 9 册 . 北京：中央文献出版社，2011：270.

② 邓小平 . 邓小平文选：第 2 卷 . 北京：人民出版社，1994：194.

③ 同 ②237.

1980 年翻一番，解决人民的温饱问题；第二步，从 1991 年到 20 世纪末，使国民生产总值再增长一倍，人民生活达到小康水平；第三步，到 21 世纪中叶，人均国民生产总值达到中等发达国家水平，人民生活比较富裕，基本实现现代化。

面对即将到来的 21 世纪，在提前完成了“三步走”现代化战略的前两步任务的基础上，中国共产党提出了新“三步走”发展战略：在 21 世纪第一个 10 年实现国民生产总值比 2000 年翻一番，使人民的小康生活更加富裕，形成比较完善的社会主义市场经济体制；到建党 100 周年时，使国民经济更快发展，各项制度更加完善；到新中国成立 100 周年时，基本实现现代化，建成富强、民主、文明的社会主义国家。

从 2002 年至 2011 年的 10 年间，我国 GDP 从 12 万亿元增加到 47 万亿元，世界排名跃升到第二位。因此，党的十八大坚定地提出确保到 2020 年实现全面建成小康社会的目标，并为确保它的实现提出中国特色社会主义“五位一体”建设的总体布局。

第三，“强起来”。党的十八大以来，中国共产党大刀阔斧地开拓中国特色社会主义事业，展现出“舍我其谁”的历史担当与大国气魄。我国发展进入新的历史方位，中国特色社会主义进入了新时代。这是中华民族由“站起来”“富起来”到“强起来”的历史飞跃。那么，什么是强国？强国所彰显的是全方位的自信，既体现在中国特色社会主义在实践基础上完善制度、提炼理论、沉淀文化的自我修炼上，又体现在为发展中国家拓展现代化路径、为解决人类问题贡献中国智慧和中国方案的“世界意义”上。

党的十八大以来，中国愈发呈现出这种全方位的自信。2013 年 11

月，党的十八届三中全会召开，全会通过《中共中央关于全面深化改革若干重大问题的决定》，提出了改革的路线图和时间表，涉及15个领域、330多项较大的改革举措，包括经济、政治、文化、社会、生态文明和党的建设等各个方面。党的十八届三中全会开启了“全面深化改革”的篇章，其总目标是“完善和发展中国特色社会主义制度，推进国家治理体系和治理能力现代化”，并且明确了“提交答卷”的时间，“到2020年，在重要领域和关键环节改革上取得决定性成果”。之后，全面依法治国、全面从严治党被提上议程，与全面深化改革、全面建成小康社会共同构成了“四个全面”的战略布局。

通过“四个全面”战略布局推进“五位一体”总体布局，特别是以全面从严治党对中国共产党进行自我革新，使我们党更有力量担负起国家治理现代化的重任，直面改革进入深水区后的“硬骨头”。面对改革开放40年过程中出现的新问题，中国共产党迎难而上，站到了历史的前台，治国理政战略布局呈现整体性、系统性、协同性特征；在国际舞台上，推动中国特色大国外交，推进国际秩序更加公正合理，中国作为国际秩序维护者、建设者、贡献者的身份越来越突出。

如果说新中国成立后的第一个29年，中国通过社会主义改造和建设实现了独立、统一，奠定了基本政治制度和物质基础；改革开放后中国特色社会主义事业的探索，使中国人民的生活水平从温饱达到小康，为社会主义现代化勾画了蓝图、铺就了道路；那么，当下中国共产党将带领全国人民，决胜第一个“一百年”的历史使命，在此基础上，分两个阶段乘势而上，兑现到21世纪中叶建成社会主义现代化强国的承诺。

（三）中华民族的明天：长风破浪会有时

已经强大起来的社会主义中国空前接近中华民族伟大复兴，在这个历史关键点上，必须要坚持政治定力，坚持中国特色社会主义的“四个自信”，从而保证中华民族这艘巨轮驶向正确的目的地。

第一，坚持道路自信。从革命到建设，中国政治发展道路就是中国共产党领导下的人民民主道路。这个道路曾经是世界社会主义运动和民族民主解放运动的灯塔。但是，因为在社会主义现代化过程中遇到一些探索上的挫折，很多非西方国家开始选择所谓的“自由主义民主化”（恶性党争民主）之路，结果如何？“阿拉伯之春”演变为“阿拉伯之冬”，叙利亚一夜之间回到原始状态，乌克兰出现了分裂……21 世纪第一个十年出现了“民主衰退”的现象，在“参与第三波民主化的国家中，约有五分之一，不是回到威权主义，就是看到其民主制度遭受严重侵蚀”[①]。不仅如此，由于扩大了社会分歧，党争民主也给西方国家自身带来了麻烦。2016 年，两大“黑天鹅”事件（英国“脱欧”与特朗普胜选）就是典型反映。在美国，国内分裂加剧，形成事事难为的“否决型政体”。相形之下，中国坚定地走自己的路，得益于中国共产党的政治定力。邓小平早就指出，评价一国的政治体制，关键看三条：一是看国家的政局是否稳定；二是看能否增进人民的团结，改善人民的生活；三是看生产力能否得到持续发展。

第二，坚持理论自信。马克思主义中国化在新民主主义革命时期就

---

① 福山．政治秩序的起源：从前人类时代到法国大革命．桂林：广西师范大学出版社，2012：4.

已经解决了。毛泽东早在《如何研究中共党史》中就指出，研究的方法应该以中国为中心。否则，“不研究中国的特点，而去搬外国的东西，就不能解决中国的问题”[①]。改革开放以来，随着思想和价值观多元化，很多人在学习西方的过程中丧失了自主性。20世纪90年代初，随着苏东剧变，福山的“历史终结论”兴盛一时，“自由主义民主是人类的最好归宿”一度成为教条。事实上，与这种民主模式相伴随的，是以私有化、自由化为内容的新自由主义方案。很多非西方国家在第三波民主化浪潮中开始转型，结果又如何呢？在这场浪潮中，中国共产党坚持自己的理论自信，并通过实践创新不断完善中国特色社会主义道路，从而实现了从“富起来”到“强起来”的飞跃。总结这个实践就是对马克思主义中国化的深化。

第三，坚持制度自信。中国制度的核心就是民主集中制，这是相对于代议制民主的一种实现人民民主的政治制度。道路出错，必然导致错误的制度选择。按照从古典自由主义到新自由主义的所谓的“自发秩序”，经济市场化必然导致政治民主化，即多党制、选举制、代议制。这不仅是已经流行了几十年的观念，也是第三次民主化浪潮后的制度模式。制度是政治生活的纽带，制度出错了，就谈不上国家治理。事实上，目前绝大多数转型国家的代议制民主都是“无效的民主”，而且是一种无法医治的制度模式。比较而言，中国的民主集中制则有效地处理了权威与民主的关系。一个国家没有民主就没有活力，没有活力就不可能有经济发展；但是，现代国家一般都是多民族、多文化的国家，没有

① 中共中央文献研究室．毛泽东著作专题摘编（上）．北京：中央文献出版社，2003：234.

权威的集中，民主的活力就像脱缰的野马不受控制，甚至有可能跌入深渊。因此，民主集中制恰恰是良善治理的必备制度。

第四，坚持文化自信。中国共产党之所以有道路自信、理论自信和制度自信，背后其实是中华民族文化自信的支撑。中华文明不仅是文化意义上的，更有政治上的连贯性，比如把大一统思想、把国家和人民组织起来的官僚制传统以及具有实质民主意义的民本思想。从这些连续几千年的制度矩阵之中，我们可以找到当下中国制度对历史的继承与超越。

习近平指出，要阐释好中国特色，就要做到“四个讲清楚”，即要讲清楚每个国家和民族的历史传统、文化积淀、基本国情不同，其发展道路必然有着自己的特色；讲清楚中华文化积淀着中华民族最深沉的精神追求，是中华民族生生不息、发展壮大的丰厚滋养；讲清楚中华优秀传统文化是中华民族的突出优势，是我们最深厚的文化软实力；讲清楚中国特色社会主义植根于中华文化沃土、反映中国人民意愿、适应中国和时代发展进步要求，有着深厚历史渊源和广泛现实基础。

这不仅是文化自信的问题，也是理论自信的命题，还包含道路自信与制度自信。**一个强大的中国向世界宣告：“历史没有终结，也不可能终结。”近百年来，中国共产党带领中国人民建设社会主义强国、实现中华民族伟大复兴的历史使命。这一历程，就是为人类对更好社会制度的探索而提供的中国方案。**

第三章

建设最强大的政党是事业所需

办好中国的事，关键在党。党的十九大报告明确把“中国特色社会主义最本质的特征是中国共产党领导，中国特色社会主义制度的最大优势是中国共产党领导”作为新时代中国特色社会主义思想的重要组成部分，这不仅意味着中国共产党是完善中国特色社会主义制度的核心力量，也意味着中国共产党自身的建设将关系到中国特色社会主义事业的兴衰成败、生死存亡。

当前，党和国家事业发生了历史性变革，我国发展站到了新的历史起点上，中国特色社会主义也进入了新时代。承前启后、继往开来，带领全党全国各族人民不断把新时代中国特色社会主义事业推向前进，对于我们党来说，是荣誉，是责任，更是挑战。要赢得优势，赢得主动，赢得未来，就必须毫不动摇地把党建设得更加坚强有力，确保党在世界形势深刻变化的历史进程中始终走在时代前列，在应对国内外各种风险和考验的历史进程中始终成为全国人民的主心骨，在坚持和发展中国特色社会主义的历史进程中始终成为坚强的领导核心。

一、只有强大的政党才能成功开创并发展中国特色社会主义

很多人感到疑惑：当20世纪的中国遭遇危机时，世界上主要的政治制度都被拿来试验，但都以失败告终。为什么中国人民最后选择共产党，就能取得如此巨大的成功？为什么最后选择中国特色社会主义发展道路，就能取得如此巨大的成就？

当穿越历史的沧桑巨变，踏上举世瞩目的中国特色社会主义道路，我们会发现，无论是争取国家解放、民族独立的伟大抗争，还是建设社会主义新中国的光辉岁月；无论是开启改革开放的壮丽征程，还是冲刺全面建成小康社会的关键一程，中国共产党领导的中国特色社会主义伟大事业之所以能取得如此巨大的成就，共产党执政的地位之所以能越来越巩固，社会主义和马克思主义在中国大地上之所以能越来越焕发出勃勃生机，最根本的原因就是我们党在这场伟大事业中，始终用时代发展的要求审视自己，始终用改革创新的精神完善自己，不断提高领导水平和执政水平，不断提高拒腐防变和抵御风险的能力，从而为中国特色社会主义伟大事业提供了坚强的政治保证。

（一）强大的政党是取得新民主主义革命胜利的关键所在

毛泽东同志曾说过："没有一个革命的党，没有一个按照马克思列宁主义的革命理论和革命风格建立起来的革命党，就不可能领导工人阶级和广大人民群众战胜帝国主义及其走狗。"[①] 这就表明，实现中华民族的独立、解放和复兴，必须由用先进思想武装起来的先进政党来领导。

① 毛泽东．毛泽东选集：第4卷．北京：人民出版社，1991：1357.

近代以来，为实现中华民族的独立和人民的解放，无数仁人志士、一代又一代先进的中国人进行了不屈不挠、英勇顽强的斗争。然而，从太平天国的农民起义到义和团的"扶清灭洋"运动；从兴办实业的洋务运动到戊戌维新变法的改良运动，再到孙中山领导的资产阶级辛亥革命，却都不仅未能改变国家和人民的前途命运，反倒乱象丛生。直到 1921 年中国共产党的成立，才给灾难深重的中国带来了光明和希望。正是这支用马克思主义真理武装起来的先进政党，带领人民历经土地革命战争、绝地逢生的万里长征、深入敌后的 14 年英勇抗日和三年半的解放战争，才终于建立了人民当家作主的新中国，彻底结束了旧中国半殖民地半封建社会的历史，为实现中国特色社会主义迈开了最基础也是最坚实的一步。

为什么中国共产党能完成其他各种执政力量不可能完成的艰巨任务？从根本上来说，是党的性质、宗旨和理想信念决定的。中国共产党是用马克思主义科学理论武装起来的工人阶级先锋队，也是中国人民和中华民族的先锋队。这就决定了中国共产党既能正确认识和把握历史发展大趋势，做出顺应时代要求的正确决策；又能始终坚持全心全意为人民服务，从而拥有广大人民群众的拥护和支持；还能舍生忘死、公而无私，用牺牲和奋斗铸就革命的胜利。这既是中国共产党区别于当时 300 多个政党和政治力量的根本标志，也是其他任何政党和政治力量无法比拟的独特优势。就连张学良在晚年回忆当年与红军作战时也承认："万里长征谁能领导？只有毛泽东和共产党能够领导。让我们去领导，早把部队带光了。"[①] 可以说，遍观当今世界的政党，若论凝聚力和战斗力，

① 《张学良口述历史》首次系统出版 . 长沙晚报，2014-09-12.

无出中国共产党其右者。

（二）强大的政党是取得社会主义革命胜利的根本所在

建立社会主义制度，是中国从一个半殖民地半封建社会，越过漫长的资本主义发展的历史阶段，进入到社会主义时代的关键环节，同时也是中国特色社会主义伟大事业得以顺利进行的不可缺少的前提条件。

然而，从新中国诞生之际的国内国际形势看，完成社会主义革命和建设的任务极其艰巨。首先，国内形势十分艰难。刚刚经历过抗日战争和内战之后的中国已是千疮百孔、一穷二白，没有任何工业基础。整个世界都在用狐疑的眼光看着在战争废墟上插上五星红旗的新中国，看社会主义的小草如何在这块贫瘠坚硬的土地上成长。其次，国际局势错综复杂。美国和苏联的冷战已经开始，世界分裂为东西两大对立的阵营。在这种背景下，新中国备受世界各种政治力量的关注。外交政策上稍有不慎，难以预见的风险就会随之来临。最后，探索途径无迹可寻。对于如何在一个落后的东方农业大国进行如此宏大的社会主义建设，既没有书本上的现成答案，也没有实践中的成功先例。无疑，这些问题和矛盾，一方面不断给我国社会主义事业带来了难以预测的风险，另一方面也对刚刚从革命党转向执政党的中国共产党的领导水平和领导能力提出了严峻考验和挑战。

为了尽快提高中国共产党管理国家的新本领，毛泽东同志满怀信心地号召全党全国人民“为了建设一个伟大的社会主义国家而奋斗”①。一方面，针对革命胜利后在一些党员干部中出现的骄傲自满情绪和官僚主

① 毛泽东．第一届全国人民代表大会第一次会议开幕．人民日报，1954-09-16.

义、命令主义等问题，开展整风整党运动，提高党员的思想觉悟，改善党的作风；另一方面，针对党的工作重心转移带来的执政能力上的新要求，明确要求党的各级领导干部，都要加强学习，提高本领。正是因为不断地加强党的建设，党的战斗力有了显著提升。新中国成立不久，中国共产党就取得了土地改革、稳定财经秩序的民主革命和抗美援朝战争的胜利。随后，中国共产党又审时度势，根据中国社会发展的实际，实行社会主义改造和社会主义工业化双措并举的建设方针，不仅为国家工业化和经济发展打下了坚实的基础，而且还成功地建立起社会主义基本政治制度和经济制度，从而为中国特色社会主义事业的发展和进步奠定了根本的政治基础和制度基础。

不可否认，社会主义在建设过程中也遭受了一些挫折。例如，1958年“大跃进”和人民公社化运动脱离了中国社会发展的经济规律，并造成了消极后果；1966年爆发的“以阶级斗争为纲”的“文化大革命”，更是使中国社会主义事业的发展遭受了严重挫折。但是，“历经磨难而不衰，千锤百炼更坚强”。虽然经历了曲折，强大的中国共产党仍然能在深刻总结社会主义建设经验教训的基础上，紧紧地团结和依靠人民，顺应时代发展潮流，更加坚定和正确地找出一条有中国特色的社会主义道路，并沿着这条道路顺利前进。这充分表明，中国共产党具有超凡的自我纠错能力和创新能力。

（三）强大的政党是夺取改革开放新的伟大革命胜利的重心所在

改革开放是中国共产党在新的历史条件下带领人民进行的一场新的伟大革命，是实现中国特色社会主义的必由之路。从1978年党的十一届三中全会提出把党和国家的工作重点转移到社会主义现代化建设上来之后，在40年的时间里，改革开放这场新的伟大革命取得了奇迹般的辉煌成就，不仅成功地使中国实现了从高度集中的计划经济体制到充满活力的社会主义市场经济体制的转变，实现了从封闭半封闭到全方位开放的伟大历史转折，而且使中国这个世界上最大的发展中国家跃升为世界第二大经济体，彻底摆脱了“被开除球籍”的危险，实现了中国人民从“站起来”到“富起来”再到“强起来”的伟大飞跃。

这个曾遭到遏制、封锁、包围、孤立的国度，凭借什么力量势不可挡地创造出举世瞩目的中国奇迹？其实，在40年的时间里，我们既要应对苏东剧变带来的不利影响并确保国内政治稳定发展，又要面对“西化”“分化”图谋和所谓的“制裁”；既要面对历史罕见的洪涝、雨雪冰冻、地震等重大自然灾害，还要面对国际金融危机和国际秩序的重构。任何一条指导思想的偏离，任何一种方针路线的偏差，任何一个改革措施的偏失，都有可能导致“红旗变色”，政权易手，改革失败。而我们之所以能在这场极其深刻、复杂的社会变革中立于不败之地，关键就在于中国共产党领导人民，将马克思主义理论同当代中国实践和时代特征相结合，在总结我国和其他国家建设社会主义经验教训的基础上，创立中国特色社会主义理论体系，开创中国特色社会主义崭新道路，确立中国特色社会主义制度。

一个政党能否根据新的实践和形势的发展需要科学地制定与时俱进的指导思想，能否立足于本国的发展实际和资源禀赋制定一个时期的行动纲领和指导路线，能否在纷纷扰扰的国际环境中清醒地选择一条适合本国的发展道路，是一个政党正确领导的重要保证，也是党强大与否的显著标志。40 年来，正是在中国特色社会主义理论体系、道路和制度的指引下，我们在改革开放的历程中，从容地应对了一系列国际国内风险与挑战，保证了改革开放和社会主义现代化建设始终沿着正确的方向破浪前进。这一切，既生动地展现了中国特色社会主义理论体系、道路、制度的伟大力量，也生动地展现了在改革开放过程中不断发展壮大的中国共产党的伟大力量。

有人说，了解中国，必须了解中国共产党；读懂中国共产党，才能读懂中国。中国共产党走过的 97 年辉煌历程表明，我们寻找并成功地开辟的中国特色社会主义道路，是中国共产党应时势而作为、合规律而进取、顺民意而奋斗，共同作用下形成的一种历史必然。这段不凡历程，尽管曾经历革命失败的惨痛，曾面对一穷二白的困局，也曾走过十年内乱的弯路，但最终在危难之际绝处逢生、挫折之后毅然奋起、失误之后拨乱反正，沿着正确的道路不断开辟了党和人民事业的新局面。因此，历史不可辩驳地证明了中国之所以成功地开辟了中国特色社会主义道路，关键在党，关键在强大的党。

二、只有强大的政党才能使中国特色社会主义保持蓬勃生机

美国前国家安全事务助理布热津斯基曾在《大失败》一书中断言，“社会主义是20世纪的产物，也必将终结于20世纪”[①]。然而，一个不容置疑的事实是：中国共产党领导的中国，使具有 500 年历史的社会主义

---

① 布热津斯基．大失败——二十世纪共产主义的兴亡．北京：军事科学出版社，1989：1.

主张，在世界上人口最多的国家成功地开辟出具有高度现实性和可行性的正确道路，让科学社会主义在21世纪仍然焕发出新的蓬勃生机。这是世界社会主义运动史上的伟大胜利，也是中国共产党的伟大胜利。

但是，创业维艰，守成犹难。我们在为中国特色社会主义的发展对世界科学社会主义运动所做出的贡献感到自豪时，也必须清醒地认识到，如同交错反复、曲折前行是历史发展的常态一样，中国特色社会主义道路不仅有坦途和顺境，还有险境和荆棘。国外敌对势力“西化”“分化”战略的干扰、国际共产主义运动陷入低潮的冲击、中国“历史周期律”论调的影响等，都在考验着我们党坚持和拓展中国特色社会主义道路的决心、勇气和智慧。吸取教训才能避免重蹈覆辙，加强警惕才能不为外界所惑，理性反思才能居安思危。这一切都需要我们党始终保持清醒的头脑，增强忧患意识，常思挑战之严峻，恪尽应对之责任，以新时代中国特色社会主义伟大事业的新胜利为科学社会主义发展建立更大的信心、注入更强的活力。

（一）政党是否强大事关能否避免苏东剧变重演

20多年前，苏东剧变可以说是20世纪人类历史上的重大事变，是世界社会主义运动史上的重大挫折。在这个重大事变中，如果说，东欧社会主义诸国的演变还可以视作社会主义的局部受挫，那么，国际共产主义运动的主要堡垒——苏联的解体，则是关乎社会主义全局的大失利，它所提供的基本教训就必然成为整个社会主义运动的殷鉴。

也正因为如此，世界各国及政党都在思考苏联解体这一前所未见的巨大谜团。目前，关于苏联解体的研究主要有“党政不分说”“经济发展停滞说”“斯大林模式僵化说”“民族矛盾决定说”“戈尔巴乔夫葬送说”“外部因素决定说”等等。应该说，上述研究分别从不同角度分析了苏联解体的原因。但就其根本来说，苏共内部官僚作风横行、腐败之风盛行才是真正导致苏共与群众离心离德的决定因素。邓小平同志曾在1992年南方谈话中明确指出，“中国要出问题，还是出在共产党内部”[①]，说的就是这个道理。而事实也证明，到勃列日涅夫后期，不能与时俱进的苏共已经完全堕落成为一个官僚主义的政党，官僚腐败、上下勾结、卖官鬻爵等现象几乎存在于苏共各个阶层。到最后，人民对这个背弃了马克思主义基本原则而逐步走向腐败深渊的政党彻底丧失了信任，也就最终导致了苏联解体。

英国著名的历史学家汤因比曾说过：“从文明衰落所造成的痛苦中学得的知识可能是进步的最有效的工具。”[②] 苏东剧变的惨痛教训，让人深刻地认识到：一个政党要想长期执政、执好政，就必须解决好两个问题：一是永葆执政党的先进性，二是永葆执政党执政的科学性，即增强党拒腐防变和抵御风险的能力，提高党领导和执政的能力。前一种能力是“祛邪”的能力，后一种能力是“扶正”的能力。对于中国共产党来说，既要有坚强的拒腐防变和抵御风险的能力，又要有高超的领导和执政能力，才能够确保始终成为中国特色社会主义事业的领导核心以及统领各方、治国理政的“帅”，才能成为重塑国际共产主义运动的新典范。

---

① 邓小平．邓小平文选：第3卷．北京：人民出版社，1993：380.

② 艾德勒，范多伦．西方思想宝库．长春：吉林人民出版社，1988：1166.

（二）政党是否强大事关能否抵御“和平演变”入侵

“我们要在共产党国家里播撒下混乱的种子，可以神不知鬼不觉地用错误的价值观去置换他们的价值观，并使他们相信这些错误的价值观。”“要把和平演变的希望寄托在中国的第三第四代身上”①，美国“和平演变”总设计师、前中情局局长、前国务卿杜勒斯在他的著作《战后国际关系原则》中的这些观点至今让中国不寒而栗。

任何一种体系外政治力量的产生，几乎都是从意识形态领域开始的。社会主义和资本主义之间的较量和斗争也是如此。90多年来，国际资本主义为了扼杀社会主义运动，采用了包括武装干涉、政治孤立、经济封锁、军事包围、颠覆破坏、渗透演变等一系列手段。其中，意识形态领域的渗透和演变因其隐蔽性而更具复杂性和破坏性。特别是苏联解体后，美国更是把矛头直接对准了当今世界上最大的社会主义国家——中国，企图通过对中国实施“西化”“分化”，在我国重演苏东剧变。对此，我们绝不能低估西方“和平演变”策略给我国造成的严峻形势并应该始终保持高度警惕。

就目前来说，西方国家对我国实施“西化”“分化”主要是采取正反两方面的战略。一方面，利用各种方式正面宣传西方的价值观和政治模式，企图把中国塑造成“完全西方附庸化的资产阶级共和国”。比如，通过学术交流以及利用互联网等新兴媒体平台，向中国兜售其反共产主义意识形态的所谓“全球民主论”“文明冲突论”“意识形态终结论”“普

① 匡长福．新形势下抵御西方敌对思潮对我国社会主义意识形态渗透的思考．思想理论教育导刊，2012（7）．

世价值论”“消费至上论”“个人中心论”“享乐主义”等价值观念、政治制度和生活方式。另一方面，通过将共产党在发展过程中出现的问题扩大化，然后以其矛攻其盾，最终摧毁老百姓对共产党的信任。比如，利用中国特定条件下出现的突发事件、特殊时机、特殊人物等进行渗透和颠覆活动，不断丑化社会主义制度，攻击现行政权的合法性，诋毁党的方针政策，否定社会主义实践成果。这种“和平演变”的最终目的，就是让共产党在糖衣炮弹的攻击下腐蚀和蜕变，在经济私有化、政治腐败化的进程中背叛社会主义的原则，滋生和积聚起“颜色革命”所需要的社会矛盾条件，然后使人民搞“街头运动”。

毋庸置疑，能否在反“和平演变”斗争中取得胜利，是关系到我国社会主义事业成败的重要问题。而努力建设一个强大的政党，正是中国取得这场斗争胜利的关键所在，正是中国为世界社会主义发展注入新的生机与活力、做出新的历史贡献的关键所在。

（三）政党是否强大事关能否跳出“历史周期律”

所谓“历史周期律”，是指历史上诸多国家政权所经历的兴衰治乱、往复循环呈现出的周期性现象。这个周期律有个显著的特点，就是无论是农民起义建立的政权，还是历代封建王朝，无一不是开国时期励精图治，逐步创造太平盛世；而盛世后，奢靡腐化之风也随之泛滥，国运由此从鼎盛走向衰亡。换言之，政权都要经历先是“真老虎”，后是“纸老虎”，最后是“死老虎”的过程。因此，在中华民族悠久的历史里，无数仁人志士一直希望找到跳出这一“始兴终亡”执政周期律的答案。

1945 年 7 月，在中国抗日战争胜利的前夕，心怀忧虑的黄炎培向毛泽东同志问道，中国共产党能不能跳出历史上“其兴也勃焉，其亡也忽焉”的历史周期律。当时，深谙中国历史和国情的毛泽东同志坚定地回答：“我们已经找到新路，我们能跳出这周期率。这条新路，就是民主。”应该说，在取得执政地位后，在40年的改革开放和69年的执政实践中，中国共产党一直对如何跳出执政的“历史周期律”这个历史难题保持着强烈的忧患意识。尤其是近年来，我们党居安思危、警钟长鸣，以改革创新精神加强自身建设，在理论创新和理论武装上卓有成效，党内民主不断扩大，党风廉政建设和反腐败斗争成效明显，党的凝聚力、创造力、战斗力不断增强。但不可否认的是，随着党所处的历史方位和执政条件的变化，党的自身建设也面临着各种新的严峻考验和挑战。形式主义、官僚主义、骄傲自满情绪以及脱离群众的危险、消极腐败的危险，都更加尖锐地、长期地摆在中国共产党面前。

中国共产党是中国唯一的执政党，党的兴衰成败直接关系到国家的兴衰成败。在加快推进中国特色社会主义的关键时期，如果党内政治生活不正常，党的政治纪律和政治规矩不强化，管党不力治党不严，我们党就会在领导中国特色社会主义事业的进程中失去执政资格，就有可能重蹈历史悲剧，也就不可能破解当年黄炎培在延安向毛泽东提出的“历史周期律”难题。

“明镜所以照形，古事所以知今”。世界社会主义运动的兴衰成败、西方国家“和平演变”的企图以及中国朝代更替所表现出来的历史周期性都告诫我们，无产阶级政党夺取政权不容易，执掌好政权尤其是长期执掌好政权更不容易。党的执政地位不是与生俱来的，也不是一劳永逸的。我们必须居安思危，深刻汲取古今中外一些执政党兴衰成败的经验教训，自觉把加强执政能力建设作为化解我们党面临严峻挑战的强大利器，认真医治损害党的先进性和纯洁性的病症，坚决祛除滋生在党的健康肌体上的毒瘤，使我们党永葆生机，使中国特色社会主义伟大事业永葆生机，使科学社会主义永葆生机。在一定意义上，这种认知历程体现了其内在的逻辑必然性。

三、只有强大的政党才能不断开拓中国特色社会主义新境界

社会主义从来都是在开拓中前进的。习近平同志明确指出：中国特色社会主义开辟了马克思主义新境界，我们这一代共产党人的任务，就是继续把坚持和发展中国特色社会主义这篇大文章写下去。这既是对中国特色社会主义的历史定性，也表明了我们党高举中国特色社会主义旗帜的神圣担当。

如果说，中国共产党这个执政党的强大曾经体现在“砸碎旧世界”的革命之时，闪耀在“创造新世界”的建设之时，迸发在“追赶全世界”的改革之时，那么当此之时，面对世情、国情、党情不断变化带来的各种风险挑战，我们党要团结和带领人民继续赢得新时代中国特色社会主义伟大事业的新胜利，就更需要坚守初心，从“总开关”上固本培元，不断把党建设得更加坚强有力，真正确保我们党永葆生命力和强大战斗力。因此，今天，建设更加强大的政党，是情势所迫，也是事业所需。

（一）全球治理的深刻变革需要建设更加坚强有力的执政党

从世情看，和平、发展、合作、共赢的时代潮流没有变，但革新全球治理制度，提升全球治理能力，重塑全球治理秩序，已成为当前世界各国政党需要面对的新任务。同时，我国又前所未有地走近世界舞台的中心，国际社会普遍对我们党在全球治理变革中的作用有新的期盼。这就必然对我们党如何顺应新的国际形势、如何与时俱进地加强党的建设提出了严峻挑战。

统筹自身发展压力与全球治理责任，需要中国共产党有更大智慧。随着中国从全球经济治理的外围渐渐趋向核心，为世界提供越来越多的公共产品已成为中国发展必然之势。但是，提供更多全球公共产品就意味着中国必须为国际规则的载体和平台运行担负更多成本。特别是一些发达国家对中国提出了比较高的、不太符合中国实际的要求，会对中国的发展造成极大压力。而当今的中国虽是世界上最大的发展中国家，但仍处于并将长期处于社会主义初级阶段，发展任务仍然任重道远。因此，要在秉承量力而行原则的基础上，既“独善其身”又“兼济天下”，不仅需要远见卓识，更需要大智慧、大谋略，这都将成为新的历史条件下中国执政党深度参与全球治理所要面临的重要考验。

平衡发达经济体与新经济体之间的利益诉求，需要中国共产党有更大担当。本质上，国际秩序建立、国际规则设定的背后是国家利益和价值观的凸显。因此，维护、获取、增进自身利益是任何国家参与全球治理的根本目标。但由于现行全球治理制度是美欧等传统大国霸权的产物，以除旧布新为特征的全球治理改革必然会受到旧有体系受益者的强硬抵触。而新兴经济体、发展中国家等“新”治理主体参与全球治理的主观意图和客观实践却在不断提升。最后的结果是，发达经济体和新兴经济体利益诉求之间的巨大差异必然引发两大阵营长期的摩擦与博弈。而要在利益摩擦和博弈中降低风险、提升收益，必然要求中国共产党要有世界眼光、政治勇气和责任担当，发挥自身强大的动员能力、组织能力，来整合平衡各方利益，推动国际秩序和全球治理朝着更加公正合理的方向发展。

为全球治理改革提供中国方案，需要中国共产党有更大贡献。全球治理期待大国担当与合作。中国共产党作为世界第二大经济体和正在持续发展的大国的执政党，在发挥中国智慧方面有更特殊的使命，拥有独特的优势。事实上，近年来中国共产党提出的“构建人类命运共同体”世界观、“和而不同，合作共赢”国际合作观等诸多完善全球治理的新主张，都得到了各方积极的回应。这些都是我们党对当今时代“建设一个什么样的世界、如何建设这个世界”的创造性回答。但是，从发展的眼光看，中国共产党还应该进一步增强自身的感召力、凝聚力和影响力，积极成为全球经济治理方向的引领者、治理力量的培育者、治理进程的推动者，努力为完善全球治理贡献更多的中国智慧。

（二）改革发展的时代重任需要建设更加坚强有力的执政党

从国情看，我国社会主义初级阶段的基本国情没有变，但是我国改革发展却处在了从实现发展向完善发展、发展大国向发展强国、追随赶超向创新引领跃升的新起点上。在这“关键一跃”的特殊历史阶段，新老问题交织，复杂矛盾凸显。问题越多、矛盾越复杂、改革发展任务越艰巨，就越要锻造更加坚强有力的领导核心。

凝聚改革发展共识，中国共产党治国理政要有新谋划。人心齐，泰山移。要推进全面深化改革整体步伐，必须凝聚13亿多人民的共识。但是与改革开放初期相比，我们少了孤立与封闭、匮乏与落后，却多了利益的纠葛、观念的激荡，同时还要应对国外敌对势力的煽动。特别是在面对一些关乎改革发展全局的两难问题时，在要不要改、朝什么方向改、按什么路径改、以何种节奏改，如何处理好改革中公平与效率的关系等方面，依然难以形成一致的意见。如果在争议中望而却步、停滞不前，就会在争议中不断徘徊，拖延改革的进程，来之不易的改革成果就有可能付诸东流。那么，如何在坚持"求同"与"存异"相结合的原则的基础上找最大公约数，最大限度地激发全社会的改革热情？如何牵住"牛鼻子"，对症下药，最大限度地把整个中华民族凝成改革合力？在多元中求共识，中国共产党不能"穿新鞋走旧路"，必须要有新的智慧、新的勇气和新的谋划。

破除改革发展阻力，中国共产党治国理政要有新魄力。过去五年，我们党出台了一系列重大方针政策，解决了许多长期想解决而没有解决的难题，办成了许多过去想办而没有办成的大事。但也应看到，随着经济结构的深刻变革、社会结构的深刻变动、利益格局的深刻调整，一些地方、某些领域的改革出现了久议不决、决而难行、行而难破的新问题、新阻力：一是担心改革风险大、难度大，宁可消极观望，也要维持现状的"怕改革"阻力；二是担心改革触动既有利益格局，存在不愿改革也不敢改革的"不改革"阻力；三是假借改革之名行部门之便，导致改革改而无效或越改越乱的"伪改革"阻力。这三种阻力是典型的"为官不为、为官不正、为官乱为”现象。站在改革发展的新起点上，要继续闯关夺隘、攻城拔寨，我们党就必须拿出勇于自我革命的气魄，敢于担当，敢于碰硬，敢于亮剑，冲破思想观念的束缚，破除利益固化的藩篱，努力把全面深化改革向纵深推进。

共享改革发展成果，中国共产党治国理政要有新举措。带领人民创造幸福生活，是我们党矢志不渝的奋斗目标。而让人民共享改革发展成果，实质上是对每个社会成员的尊重和认可，体现了“让人民生活得更有尊严”的精神意蕴。近年来，我们努力实施“精准扶贫、精准脱贫”，在补齐民生短板，让改革发展成果更多、更公平、更实在地惠及广大群众的方面取得了明显成效。但改革的可能红利与实际红利、改革的实际成效与现实所得之间的差距依然较大。因此，如何在做大“蛋糕”时分好“蛋糕”，如何在小康水平线“水涨船高”时让覆盖面“拾遗补缺”，这些都需要我们党发挥总揽全局、协调各方的领导核心作用，拿出新举措，拿出真金白银，确保改革发展成果更多、更公平地惠及全体人民，朝着实现建成全体人民共同富裕的社会主义现代化强国的目标稳步迈进。

（三）任重道远的“赶考”命题需要建设更加坚强有力的执政党

从党情看，我们党作为新时代中国特色社会主义事业的坚强领导核心的地位没有变，但党员队伍组成结构、执政条件、执政环境都发生了重大变化，来自外部的风险前所未有，推进党的建设新的伟大工程的任务比以往任何时候都更为繁重、更为紧迫。我们党要在这次历史性的“赶考”中交出优异的答卷，就必须对“建设什么样的党、怎样建设党”

做出新的回答。

党员结构变化对党的先进性构成了新考验。党员是党的肌体的细胞和党的活动的主体，党的先进性要靠千千万万高素质的党员来体现。新中国成立之初，我们党440多万党员都经受过革命战争的洗礼，到2016年底，党员总数已达8 944.7万，其中超过七成是改革开放后入党的。在战争年代，血与火的洗礼、生与死的考验，会让人的信仰更加坚定，更容易激发奋斗的激情。而与之相比，和平年代，生活的改善、环境的宽松，更容易让人降低要求、放松警惕，甚至上演“温水煮青蛙”的悲剧。列宁曾说：“徒有其名的党员，就是白给，我们也不要。”[①]决定党的战斗力的，不仅是党员数量，更重要的是质量。如何教育好和管理好庞大的党员队伍，把党员的数量优势转化为我们党巨大的执政优势，把世界上最大的政党建设成世界上最强的政党，这是新时期党员结构变化为执政党建设带来的新考验。

国家治理现代化对党自身现代化提出了新要求。领导国家现代化的党，自身也应该现代化。但坦诚地讲，与国内外形势发展变化相比，与党所承担的历史任务相比，党的领导水平和执政水平，党的组织建设状况和党员干部的素质、能力、作风，都还有不小的差距。中国特色社会主义道路走到今天，必然还有许多“必然王国”等着我们去闯去试去探索，必然还有许多改革发展任务需要我们落实落实再落实。这就要求我们党既要有“非知之难，行之惟难”的实践思维，又要具备“入山问樵、入水问渔”的实践策略，更要有敢作敢为、锐意进取的实践本领，从而为国家富强、民族振兴、人民幸福建立更大功勋。

---

① 列宁．列宁选集：第4卷．北京：人民出版社，1995：51.

党内自身问题给党的执政形象带来了新危险。党风正，民风淳。执政党有什么样的作风，一个社会往往就会呈现什么样的风气。改革开放40年来，受西方错误思潮影响，一些党员干部精神缺“钙”、消极腐败问题日益凸显，人民群众反映强烈。党的十八大以来，我们党加强理想信念教育、坚定不移改进作风、持续深入反腐败，党风政风为之一新。但同时仍有少数党员干部在党的十八大以后不收敛、不收手，处心积虑钻制度空子，侵害人民群众利益，给党的执政形象带来新危险。“如果管党不力、治党不严，人民群众反映强烈的党内突出问题得不到解决，那我们党迟早会失去执政资格，不可避免被历史淘汰。”[①] 因此，要在这场“具有许多新的历史特点的伟大斗争”中继续取得胜利，我们党就必须拿出自我革命的政治勇气，着力解决党自身存在的突出问题，不断增强党自我净化、自我完善、自我革新、自我提高的能力，确保革命先辈用鲜血和生命打下的红色江山代代相传。

伟大事业没有止境，伟大工程永不停歇。今日的中国，正攀行在通往新时代中国特色主义道路又一个高峰的最具挑战性的征程上。只有以更大的决心和勇气，全面推进从严治党新的伟大工程，全面提高党的建设科学化水平，才能永葆中国共产党的生机活力，激发走向未来的巨大力量。也唯有如此，才能在实现新时代中国特色社会主义伟大事业的征途上快马加鞭、行稳致远。

---

① 习近平．在庆祝中国共产党成立95周年大会上的讲话．人民日报，2016-07-02.

中　篇

怎样才是最强大的政党

第四章

最强大的政党要有强大的政治引领力

回首近代中国，国力颓废、军阀混战，从戊戌变法到民主共和，在各种政治力量的博弈和交锋中，中国共产党顺应民意，以革故鼎新的气魄领导人民建立起全新的社会主义政权。社会变革如同大浪淘沙，在中国从传统迈向现代的历史征程中，中国共产党何以能从弱小走向强大并最终“脱颖而出”？靠的就是强大的政治引领力。当前中国正处在一个发生历史性变革的时代，中国特色社会主义进入了新时代，中国共产党将牢牢把握中国发展的阶段性特征，牢牢把握人民群众对美好生活的向往，继续以强大的政治引领力同人民一起踏上建设社会主义现代化强国的新征程。

一、以共产主义最高纲领引领社会发展

政治纲领是一个政党公开树立起来的一面旗帜，外界主要根据它来观察和判断这个政党。中国共产党要建设成为世界上最强大的政党，提升政治引领力，最根本的就是要坚持和完善自己的政治纲领。列宁指

出："一个政党如果没有纲领，就不可能成为政治上比较完整的、能够在事态发生任何转折时始终坚持自己路线的有机体。"[①]

（一）以共产主义最高纲领支撑政治引领力

中国共产党从建党之初就在确立和完善自己的政治纲领，它分为最高纲领和最低纲领两个部分，最高纲领就是实现共产主义，最低纲领则依据不同历史阶段的具体任务而各有不同。

共产主义的最高纲领支撑起了中国共产党的政治引领力，它是中国共产党区别于其他政党的显著标志。中国共产党所追求的共产主义，用一句话来表达就是"这样一个联合体，在那里，每个人的自由发展是一切人的自由发展的条件"[②]。按照马克思主义的解释，共产主义社会是对"人的本性的复归"。从历史发展脉络看，在资本主义社会，"人"就是"阶级","人和人"的关系主要表现为阶级对立，而在共产主义社会，"人"将摆脱阶级属性，人和人组成一个自由人联合体。有的人看共产主义社会，常常将其简单理解为"搞平均主义大锅饭，拿富人的财产填补穷人的生活"。实则不然，马克思主义的确主张"把资本变为公共的、属于社会全体成员的财产"，但同时声明，"这并不是把个人财产变为社会财产。这里所改变的只是财产的社会性质"。马克思主义的确也畅想共产主义社会的平等与共享，但同时声明："共产主义并不剥夺任何人占有社会产品的权力，它只剥夺利用这种占有去奴役他人劳动的权

① 列宁．列宁全集：第 20 卷．北京：人民出版社，1989：357.

② 马克思，恩格斯．马克思恩格斯文集：第 2 卷．北京：人民出版社，2009：53.

力。”[①] **共产主义和所有过去的运动不同的地方在于：它推翻一切旧的生产关系和交往关系的基础，使一切不依赖于个人而存在的状况不可能发生。总之，共产主义就是要彻底把人从阶级剥削和压迫中解放出来，从而推动人的自由而全面的发展。**

1875 年，马克思在《哥达纲领批判》中简略地勾画了共产主义的发展进程：通过无产阶级专政建立新社会，是“共产主义社会第一阶段”；再经过共产主义自身的发展进入共产主义的高级阶段，达到“各尽所能，按需分配”的理想境界。在这一进程中，无产阶级是推动社会革命性变迁的主导力量，中国共产党是无产阶级先锋队的领导力量，中国共产党坚信，必须通过无产阶级专政才能在中华大地上建立起一个全新的社会。20 世纪 20—30 年代，共产主义的远大理想让在黑暗中摸索的中国人看到了希望，它如同一盏明灯照亮了通往未来的道路。1922 年 7 月《中国共产党第二次全国大会宣言》发表，宣言明确了“中国共产党是中国无产阶级政党。他的目的是要组织无产阶级，用阶级斗争的手段，建立劳农专政的政治，铲除私有财产制度，渐次达到一个共产主义的社会”[②]。从 1927 年开始，中国共产党在农村建立革命根据地，用马克思主义思想引导工农群众，将以农民为主体的武装力量建设成为无产阶级政党领导下的人民军队，不断发展和壮大革命武装，直到夺取全国革命的胜利。

1949 年中华人民共和国成立，标志着民族独立和人民解放的两大历史任务胜利完成，中国开始从半殖民地半封建社会经由新民主主义社

---

① 马克思，恩格斯．马克思恩格斯文集：第 2 卷．北京：人民出版社，2009：46，47.

② 中央档案馆．中共中央文件选集：第 1 册．北京：中共中央党校出版社，1989：115.

会逐步向社会主义社会过渡。尽管社会主义建设遭遇了挫折，但中国共产党人播下的共产主义种子已经在中华大地上开花结果，而且越来越枝繁叶茂。1982 年 9 月 1 日，邓小平在党的十二大上致开幕词时指出：把马克思主义的普遍真理同我国的具体实际结合起来，走自己的道路，建设有中国特色的社会主义，这就是我们总结长期历史经验得出的基本结论。改革开放以来，党的全部理论和实践的主题汇总起来就是中国特色社会主义，它是由共产主义最高纲领牵引的、马克思主义中国化取得的最新成果。只有将共产主义远大理想与中国特色社会主义共同理想结合起来，坚持和发展中国特色社会主义，才能确保党和国家事业始终沿着正确方向胜利前进。

（二）以共产主义最高纲领引领经济社会发展

实现共产主义的远大理想始终鞭策着一代又一代中国共产党人——我们所有的路线、方针和政策必须抓住“人的根本”，必须始终坚持“以人民为本位”的政治立场。只有如此，理想信念才能释放出巨大能量。1956 年邓小平在中共八大上提出：“共产党——这是工人阶级和劳动人民中先进分子的集合体，它对于人民群众的伟大的领导作用，是不容怀疑的。但是，它之所以成为先进部队，它之所以能够领导人民群众，正因为，而且仅仅因为，它是人民群众的全心全意的服务者，它反映人民群众的利益和意志，并且努力帮助人民群众组织起来，为自己的利益和意志而斗争。”[①]

生产力是人类“全部历史的基础”，“生产力的总和决定着社会状

① 邓小平．邓小平文选：第 1 卷．北京：人民出版社，1994：218.

况”。中国共产党深知，解放和发展社会生产力是解决社会基本矛盾的根本手段，是促进社会进步的根本动力，没有高度发达的生产力水平，共产主义远大理想就会成为一场“空谈”。以苏联模式为代表的传统社会主义违背了唯物史观的基本原则，仅从生产关系和所有制结构来定义社会主义本质，并将此界定为社会主义与资本主义的根本差异。中国共产党在社会主义建设时期，也曾受到苏联模式的影响，脱离生产力实际，唯心地、教条地理解社会主义的本质。后来，邓小平同志摒弃了苏联对社会主义本质的结构化的叙述，从马克思主义的基点出发，从功能的角度出发，深刻诠释了社会主义的本质，即“解放生产力，发展生产力，消灭剥削，消除两极分化，最终达到共同富裕”①。

中国共产党将解放和发展社会生产力融入对社会主义本质的理解中，这是对共产主义最高纲领的现实诠释。中国共产党牢牢抓住经济建设不动摇，成功地开辟了一条具有中国特色的社会主义发展道路，找到了通往共产主义社会的现实途径。与“一穷二白”时期的中国相比，如今的中国已经成为世界第一大沿海港口国家，成为世界上高速铁路和快速城际铁路里程最长、速度最快的国家，成为世界高速公路里程最长的国家，成为世界大国中全国性综合交通枢纽最多的国家。全球化突破了国界，让“中国制造”走了出去，也为中国树立了良好的国际形象。2010 年中国打破了美国自 1890 年以来垄断了 120 多年的世界头号工业大国的地位，目前中国已成为全球第一大制成品出口国、世界第一的制造业大国。中国的社会生产力水平显著提高，社会生产能力在很多方面已进入世界前列。

① 邓小平．邓小平文选：第 3 卷．北京：人民出版社，1993：373.

实现自由而全面的发展在当下的中国不是一句空话，经济的繁荣发展提升了人民群众前所未有的获得感。按照世界银行的贫困标准计算，中国贫困人口的绝对数量从 1981 年的 6.52 亿降至 2004 年的 1.35 亿，有 5 亿多人摆脱了贫困。而在同一时期，全球发展中国家贫困人口的绝对数量只减少了 4 亿[①]。如果不把中国算在内，发展中国家贫困人口数量不但没减少反而增加了。所以世界银行的一份报告赞叹道，中国“在如此短的时间里使得如此多的人摆脱了贫困，对于全人类来说这是史无前例的”[②]。或许，对曾经苦难的中国人来说，实现共产主义最高纲领只是一幅美好蓝图，但时至今日，它已在中国特色社会主义的实践中焕发出伟大的时代精神，中国人对共产主义的前途命运充满信心，正凭借坚定的信心和十足的干劲，沿着自己选择的社会主义道路奋发前进。

二、以富有感召力的奋斗目标团结和带领人民

人民是历史的创造者，是决定党和国家前途命运的根本力量。在共产主义最高纲领的统摄下，中国共产党还依据不同历史阶段的具体任务制定出最低纲领，这集中体现在鼓舞人心的奋斗目标上。奋斗目标如同灯塔，照亮了人们前行的路！

---

① 鄢一龙，白纲，章永乐，等．大道之行：中国共产党与中国社会主义．北京：中国人民大学出版社，2015：5.

② 张德亮．中国经济增长的质量与减贫．北京：中国财政经济出版社，2013：43.

（一）以富有感召力的奋斗目标凝魂聚气

在国力积贫积弱、道路屡试屡挫的 1921 年，中共一大提出，“以无产阶级革命军队推翻资产阶级的政权，消灭资本家私有制，由劳动阶级重建国家，承认无产阶级专政，直到阶级斗争结束，即直到消灭社会的阶级区分；党的基本任务是从事工人运动的各项活动，加强对工会和工人运动的研究与领导”①。在 1945 年 4 月打败日本侵略者的胜利前夜，中共七大提出，“放手发动群众，壮大人民力量，在我党的领导下，打败日本侵略者，解放全国人民，建立一个新民主主义的中国”②。**在中国共产党领导下，中国人民经过长期艰苦卓绝的奋斗，终于打败了日本帝国主义，将西方列强赶出国门，实现了民族独立、人民解放和国家统一。中国共产党将一盘散沙的中国社会重新凝聚为一个有机整体，赢得了人民群众的衷心拥护**。1949 年，全国解放，举国欢呼，到处高唱“解放区的天是明朗的天，解放区的人民好喜欢”。人民群众对自己政党的信赖成为无坚不摧的力量，中国共产党以富有感召力的奋斗目标让人心变为实力。

1949 年 10 月 1 日下午 3 时，首都北京 30 万军民在天安门广场集会，隆重举行开国大典。毛泽东亲手升起了新中国的第一面国旗——五星红旗，并向全世界宣告了伟大的中华人民共和国的成立。在中国人民政治协商会议的开幕式上，毛泽东饱含深情地说：“我们有一个共同的感觉，这就是我们的工作将写在人类的历史上，它将表明：占人类总数四分之

① 武可贤，孙志敏，郭桂英 . 简明中共党史辞典 . 济南：山东人民出版社，1986：316.

② 杨德山，韩宇 . 中共党史简明读本 . 北京：华文出版社，2016：67.

一的中国人从此站立起来了。”[①] **新中国的诞生，不只是一个政权代替了另一个政权、一种政治力量代替了另一种政治力量，而是中华民族历史上前所未有的社会大变革。这也充分说明，只有社会主义才能救中国。**为巩固新生政权，人民政府除了继续追歼国民党残敌、大规模剿匪、和平解放西藏和实现祖国大陆的统一外，还采取了许多积极有效的措施去恢复国民经济。1956年底，中国基本完成了对农业、手工业和资本主义工商业的社会主义改造，这标志着中国基本上实现了从新民主主义到社会主义的转变，社会主义制度在中国全面确立，占世界人口1/4的中国开始进入社会主义社会。新中国的前7年是社会主义现代化建设的第一个黄金时期，也是中国现代化建设史上首次出现GDP占世界总量比重上升的时期。而此前的130年，中国的这一比重都是持续下降的，并且于1950年降至历史最低点。中国共产党以富有感召力的奋斗目标，将人民紧紧团结在一起，集中力量发展社会生产力，实现国家工业化，逐步满足人民日益增长的物质和文化需要。在这个过程中，中国人也重新构建了自己的人生观和世界观，中华民族也因此实现了精神上的脱胎换骨，整个国家与社会的发展一片欣欣向荣。

（二）在努力实现理想的奋斗目标中凝心聚力

本领不是天生的，必须通过学习和实践来获得，也正是在团结带领人民群众共同学习、努力求索的实践过程中，中国共产党才凝聚起人心，汇集起“可上九天揽月”的巨大力量。毛泽东很早就意识到学习的重要性。他在《论人民民主专政》中谈到，严重的经济建设任务摆在我

① 毛泽东．毛泽东文集：第5卷．北京：人民出版社，1993：343.

们面前。我们熟悉的东西有些快要闲起来了，我们不熟悉的东西正在强迫我们去做。他明确向全党提出，面对十分紧迫的学习任务，要老老实实地学，恭恭敬敬地学。《论十大关系》（1956 年）、《在中国共产党第八次全国代表大会上的政治报告》（1956 年）、《把我国建设成为强大的社会主义的现代化的工业国家》（1954 年）、《关于修改党的章程的报告》（1956 年）和《社会主义改造基本完成以后的新问题》（1956 年）都是勤奋学习和探索的重要成果，集中反映了毛泽东等领导同志为实现社会主义现代化所做的努力。以毛泽东同志为核心的党的第一代中央领导集体带领全党全国各族人民完成了新民主主义革命，进行了社会主义改造，确立了社会主义基本制度，成功实现了中国历史上最深刻最伟大的社会变革，为当代中国一切发展进步奠定了根本政治前提和制度基础，也为新的历史时期开创中国特色社会主义提供了宝贵经验、理论准备、物质基础。1988 年，邓小平在一次讲话中说："如果六十年代以来中国没有原子弹、氢弹，没有发射卫星，中国就不能叫有重要影响的大国，就没有现在这样的国际地位。这些东西反映一个民族的能力，也是一个民族、一个国家兴旺发达的标志。"① 中国共产党将无数中华儿女团结起来，咬紧牙关艰苦奋斗，使中国从极端困难的经济状况中崛起，表现出中华民族自强不息的精神和从困难中奋起的勇气，是中华民族的骄傲。

在改革开放和社会主义现代化建设的新时期新阶段，邓小平提出，"我国经济发展分三步走，本世纪走两步，达到温饱和小康"②。中国共产党坚持将共产主义远大理想与中国特色社会主义共同理想相结合，确

① 邓小平 . 邓小平文选：第 3 卷 . 北京：人民出版社，1993：279.

② 同①251.

定了社会主义初级阶段基本路线，即“领导和团结全国各族人民，以经济建设为中心，坚持四项基本原则，坚持改革开放，自力更生，艰苦创业，为把我国建设成为富强民主文明和谐的社会主义现代化国家而奋斗”。党的十八大回顾近代以来中华民族发展历程，展望中国未来发展前景，确立了“两个一百年”的奋斗目标。2012 年 11 月 29 日，习近平总书记在参观国家博物馆的《复兴之路》展览时又进一步鲜明提出实现中华民族伟大复兴的中国梦。综合分析国际国内形势和我国发展条件，党的十九大提出从 2020 年到本世纪中叶分两个阶段的奋斗目标，还要乘势而上开启全面建设社会主义现代化国家新征程，向第二个百年奋斗目标进军。

中国梦是国家的梦、民族的梦，归根到底是人民的梦。人民是中国梦的主宰，是中国梦的实现者和享有者。中国梦把国家、民族和个人紧紧凝结在一起，在新的历史时期让每一个中国人都获得了发展进步的广阔空间，都享有人生出彩、梦想成真的机会。新中国成立以来，特别是改革开放 40 年来，在中国共产党领导下，中国人民在社会主义建设道路上实现了一个又一个伟大飞跃，取得了举世瞩目的成就。今天，我们比历史上任何时期都更接近中华民族伟大复兴的目标，比历史上任何时期都更有信心、有能力实现这个目标。**中国共产党在不同历史时期的奋斗目标之所以具有强大感召力，是因为其出发点始终是实现所有人的全面发展，归宿点始终是实现全人类的解放。这与共产主义最高纲领的牵引具有天然的、密不可分的联系，也体现出中国共产党指导思想的彻底性。**

三、以唯物辩证法的哲学思维总揽全局、协调各方

1929 年，毛泽东在一封信中指出，“共产主义者的思想和行动总要稍为科学一点才好”[①]。**科学是盲动、蒙昧的反义词，科学精神要求尊重发展规律，无论是革命党还是执政党都必须既能统筹全局又善于协调各方。这就是一种唯物辩证法的哲学思维，它引领中国从革命、建设到改革不断走向新的胜利。**

（一）整合与协调各种政治力量

当年，中国共产党正是将游击战术与根据地建设有机统一起来，才走出一条中国特色的革命道路。中国共产党领导的工农武装斗争，不同于中国历史上的任何一次暴动、起义，因为它要为人民打江山，建立一个人民的政权！毛泽东深知，军队离开了人民支持就会失去生存发展的根基，就会成为无源之水、无本之木。从 1927 年开始，毛泽东陆续写了《湖南农民运动考察报告》《寻乌调查》《才溪乡调查》等农村调查报告，其中一个目的就是要搞清楚中国共产党的根基在哪里，从而能科学地制定出领导中国革命取胜的战略策略。因此，他非常关心苏维埃建设。1934 年毛泽东号召党内同志要“改善乡苏工作的方向，应该朝着最能够接近广大群众，最能够发挥群众的积极性与创造性，最能够动员群众执行苏维埃任务，并且最能够争取任务完成的速度，使苏维埃工作与革命战争、群众生活的需要完全配合起来，这是苏维埃工作的原

① 毛泽东 . 毛泽东文集：第 1 卷 . 北京：人民出版社，1993：70.

则”[①]。1929 年古田会议通过的“决议案”明确要求红军指战员必须尊重人民政权机关，巩固它在群众中的威信。虽然工农武装斗争是以建立无产阶级政权为目标，但军事斗争必须依靠局部执政条件下各方面建设的有效配合。

中国共产党在唯物辩证法的指导下，十分善于整合和协调各种政治力量，引领宏观政治形势朝着积极的方向发展。在中国共产党建立初期，全国上下都渴望一场改变现状的“大革命”，所以出现了中国共产党同国民党的第一次合作。当时，党组织充分认识到“工人阶级虽然有坚强的革命性，但人数毕竟比较少，如果不团结一切可以团结的力量，结成最广泛的统一战线，党就不可能把中国革命引向胜利”[②]。中国共产党用自身优势发展农村力量，在农村地区发展国民党党员，引领群众在政治上形成对革命的紧迫感，为中国的民主革命做出了突出贡献。后来，在中国人民抗日救亡的历史关头，中国共产党不计国民党白色屠杀之前嫌，于 1935 年 8 月 1 日草拟了《中国苏维埃政府、中国共产党中央为抗日救国告全体同胞书》，主张停止内战，抗日救国。1936 年西安事变发生之后，中国共产党提出了正确的方针政策，以和平方式解决了西安事变。1937 年七七事变发生之后，中国共产党通电全国，号召中国军民团结起来，组成抗日民族统一战线。毛泽东在 1940 年写了《目前抗日统一战线中的策略问题》《放手发展抗日力量，抵抗反共顽固派的进攻》和《论政策》，详细阐述了中国共产党有关抗日民族统一战线的政策主张，指出坚持统一战线政策的根本指导原则，即“又联合又斗

① 毛泽东 . 毛泽东文集：第 1 卷 . 北京：人民出版社，1993：343.

② 中共中央党史研究室 . 中国共产党的九十年 . 北京：中共党史出版社，2016：56.

争，以斗争求团结”；“斗争是团结的手段，团结是斗争的目的。以斗争求团结则团结存，以退让求团结则团结亡”。毛泽东指出，为了巩固和扩大抗日民族统一战线，必须坚持在抗日根据地建立统一战线的政权，实行在政权组成人员中，共产党员、非党左派进步分子、中间分子和其他分子各占 1/3 的“三三制”[①]。在整个过程中，中国共产党通过政治引领力使全国抗日力量紧密团结在一起，为打败日本侵略者，实现民族独立和解放事业做出了不可磨灭的贡献。

有事好商量，众人的事情由众人商量，是人民民主的真谛。新中国成立后，在确立新政权和发展新中国的过程中，中国共产党领导的多党合作和政治协商制度更是发挥了极大的政治引领作用。毛泽东在《论十大关系》的讲话中提到党和非党关系的“两个万岁”的观点，即“共产党万岁”和“民主党派万岁”。刘少奇也强调不要怕民主党派发表议论和意见。《论十大关系》正式发表时将“两个万岁”概括为“长期共存、互相监督”的方针。这在政治指导上给了民主党派很大的支持和鼓励，使他们在参政议政和提供建议方面获得了有力的制度支撑。新时代，中国共产党在完善和发展中国特色社会主义制度、实现国家治理体系和治理能力现代化等方面，积极争取知识分子、工商界、宗教界、民主党派和无党派民主人士的支持，推动建立了最广泛的爱国统一战线。协商民主是实现党的领导的重要方式，是中国特色社会主义民主政治的特有形式和独特优势。**通过卓有成效的党际协商，中国共产党真正体现了作为国家与社会发展核心力量的大党风范，从整体上把握革命与建设大局，**

① 中共中央党校中共党史教研部．新编中共党史简明教程．北京：中共中央党校出版社，2011：80.

并不断在理论上、实践中和制度上拓展新空间、开辟新境界，团结一切可以团结的力量，最大限度地调动一切可以调动的积极因素，并将这些力量和因素融入党和国家的事业中。在中国特色社会主义建设事业中，中国共产党总揽全局、协调各方，引领各民主党派共同促进社会进步，使中国共产党和各民主党派为实现中华民族伟大复兴各负其责、各尽其力。

（二）建立和谐的政治关系

中国共产党运用唯物辩证法，以"和而不同""对立统一"的方式建立起和谐的社会关系，形成了一股将社会各阶层拧成一股绳的"太极之力"。民主法治、公平正义、诚信友爱、充满活力、安定有序、人与自然和谐相处，成为构建社会主义和谐社会的总要求，这也是和谐社会关系在当代中国社会各领域的展开和呈现。

新中国成立初期，在内外力量的共同作用下，中国社会形成了"两阶级一阶层"的简单模式。随着社会主义建设逐步展开和社会矛盾的日渐清晰，毛泽东先后写作《论十大关系》《关于正确处理人民内部矛盾的问题》，提出了调动一切积极因素为社会主义事业服务的路线方针。中国共产党将社会主要矛盾确定为"人民内部矛盾"，将不同阶级、阶层和群体的利益诉求统一为"经济文化需要"，并以"解放和发展社会生产力"来积极回应。改革开放以来，市场机制在推动中国经济快速发展的同时，也使中国的社会结构发生了深刻变化。"两阶级一阶层"的格局随之解体并开始出现分化，形成了众多新兴社会阶层和群体，利益需求更加多样化，非稳定性状态不断呈现。党的十六届四中全会从提高党的执政能力的高度提出构建社会主义和谐社会的战略思想。党的十八届三中全会在关于全面深化改革的总体部署中强调，在进入全面建成小康社会的决定性阶段，必须紧紧围绕更好保障和改善民生、促进社会公平正义、深化社会体制改革、推进社会领域制度创新、推进基本公共服务均等化，建立更加公平可持续的社会保障制度。加快推进新时期保障制度改革和创新，必须准确把握新形势、新要求，明确改革的基本原则和主要任务，多管齐下，建立健全公平可持续的社会保障制度。

与西方社会受制于利益集团不同，中国共产党始终代表最广大人民群众的根本利益，所以能够避免由利益集团主导社会而形成的非均衡性发展，以更加超然的姿态引领中国社会变革，从而保障不同阶级、阶层和群体的利益诉求得到公平对待。中国共产党深知，只要把自身建设好、建设强，确保党始终同人民想在一起、干在一起，就一定能够引领中国梦的航船破浪前进，胜利驶向光辉的彼岸！

四、以沉稳的战略定力应对时代风云变幻

面对中国和平崛起的事实，国际上暗藏的敌对势力不断加强对华政治攻势，意图和平演变中国。习近平总书记反复强调："风云变幻，最需要的是战略定力。"**战略定力是中国共产党人的政治品格，是在长期艰苦斗争中由共产主义远大理想滋养孕育的政治基因。**

（一）战略定力是中国共产党人的政治品格

1949 年 3 月，毛泽东在党的七届二中全会上指出，"夺取全国胜利，

这只是万里长征走完了第一步”，“中国的革命是伟大的，但革命以后的路程更长，工作更伟大，更艰苦”①。革命以后的工作之所以“更伟大”，是因为社会主义建设关乎人民福祉、国家昌盛；之所以“更艰苦”，是因为社会主义建设还面临一系列难以预料的困难和挑战。具有全局性、战略性、前瞻性的行动纲领，事关党和国家事业的兴衰成败，事关中国特色社会主义的前途命运，事关最广大人民群众的根本利益。即使“工作更艰苦”“困难更严峻”，中国共产党始终都在“举什么旗，走什么路”这一重大根本性问题上保持强大的战略定力。

在中国共产党走过的万里长征中，红军战士靠的不是金钱和高官厚禄，而是坚定的政治立场。在困难和挫折面前，他们之所以能万众一心，靠的就是共产主义的理想信念。当初，世界上第一个社会主义国家苏联在没有外部势力入侵和大规模内战的情况下解体，一个重要原因就在于当时的执政党缺乏战略定力，理想信念动摇，从而失去党心民心。一队人马要前进，领导者必须具备坚定的理想信念。对于一个政党来说，这是一种战略定力、理想信念的动摇，在困难面前“打退堂鼓”只会造成领导力量的弱化，最终使一个政党滑向人亡政息的深渊。

当今世界国际形势复杂多变。20 世纪 50 年代以来，席卷全球的新科技革命将人类社会推向信息化、网络化时代。社会生产力快速发展，各种物质和精神成果的生产消费打破了国家的界限，资本、技术和信息的跨国界流动创造了一个“全球市场”。中国特色社会主义要走向世界，依然面临严峻挑战。美国从自己的霸权扩张战略出发，长期以来将中国看成潜在的“竞争对手”，美国的对华政策一直都包含着“遏制”的成

① 毛泽东 . 毛泽东选集：第 4 卷 . 北京：人民出版社，1991：1438.

分。但中国共产党仍然坚定不移地推进中国特色大国外交，为我国营造了和平的国际环境和良好的周边环境。党的十八大以来，中国共产党科学把握当今世界和当代中国的发展大势，顺应实践要求和人民愿望，推出了一系列重大战略举措，出台了一系列重大方针政策，推进了一系列重大工作，解决了许多长期想解决而没有解决的难题，办成了许多过去想办而没有办成的大事。中国特色社会主义进入新时代，使科学社会主义在21世纪的中国焕发出强大生机活力，在世界上高高举起了中国特色社会主义伟大旗帜。

（二）以中国自信塑造战略定力

习近平总书记在2017年7月省部级主要领导干部学习班上指出："分析国际国内形势，既要看到成绩和机遇，更要看到短板和不足、困难和挑战，看到形势发展变化给我们带来的风险，从最坏处着眼，做最充分的准备，朝好的方向努力，争取最好的结果。"中国共产党必须以沉稳的战略定力应对各种风险挑战，这是新的历史起点对中国共产党人心理素质的基本要求。试问中国共产党的战略定力来自哪里？最主要是源自中国自信。中国特色社会主义道路是一条人间正道，只有这条道路而没有别的什么道路能够引领中国进步、增进人民福祉。时代是思想之母，实践是理论之源，道路自信催生了理论自信。中国特色社会主义理论体系在坚持马克思主义基本原理的基础上不断拓展新视野、做出新概括，紧跟时代发展愈加彰显其浓郁的"中国气派"。新时代中国特色社会主义理论是中国特色社会主义理论体系的重要组成部分，既展现了中国化马克思主义的盎然生机，又为我们继续开拓社会主义理论打开了广阔空间。对中国特色社会主义制度的自信是保持战略定力的关键，这套制度以其完备的系统性彰显了现代性特征，并与当今中国社会发展的历史进程相吻合。完善和发展中国特色社会主义制度，推动国家治理体系和治理能力的现代化，是中国未来形成更大制度自信的重要前提和基础保障。道路自信、理论自信和制度自信，归根结底靠的是一种文化自信，这是中国特色社会主义从创立到发展的“土壤”。在漫长的历史长河中，5 000 多年独具特色、辉煌灿烂的中华文明成为中国共产党人坚定文化自信心的历史依据。道路自信、理论自信、制度自信和文化自信共同塑造了中国共产党的战略定力。在全球大变革、大调整的时代，中国必须向世界展示其强大的自信心。

在西方政治学家看来，“政治行动的直接目的是强权，而政治强权是控制人的心灵和行动的强权”，所以意识形态自然就成为“国际舞台上强权斗争的武器的心理力量”[①]。黎安友在《长城与空城计——中国对安全的寻求》中提出：“美国如果不为中国人权公开呐喊，将不仅忽视中国民主志士的命运，而且会损害美国公众对美中广泛合作的支持。此外，倡导人权也符合于西方谋求较稳定的世界秩序的利益。”[②]向社会主义国家输出“自由、民主、人权”是西方和平演变共产党政权的主要方式，这也是 20 世纪末苏东剧变的原因之一。前车覆，后车鉴！“打铁还需自身硬”，化解“颜色革命”风险，应对党和国家事业面临的各种挑战，关键还是要搞好党自身的建设。中国共产党要团结带领人民进

---

① 摩根索．国际纵横策论——争强权，求和平．上海：上海译文出版社，1995：125–126.

② 内森，罗斯．长城与空城计——中国对安全的寻求．北京：新华出版社，1997：227.

行伟大斗争、推进伟大事业、实现伟大梦想，必须毫不动摇坚持和完善党的领导，毫不动摇推进党的建设新的伟大工程，把党建设得更加坚强有力。只有进一步把党建设好，确保我们党永葆旺盛生命力和强大战斗力，我们党才能带领人民成功地应对重大挑战，抵御重大风险，克服重大阻力，解决重大矛盾，从而不断从胜利走向新的胜利。实践使我们越来越深刻地认识到，管党治党不仅关系党的前途命运，而且关系国家和民族的前途命运，必须以更大的决心、更大的勇气、更大的气力抓紧抓好党的建设。习近平总书记指出，对党的十八大以来全面从严治党取得的成果，人民群众给予了很高评价，成绩值得充分肯定，经验值得深入总结。但是，我们决不能因此而沾沾自喜、盲目乐观。全面从严治党依然任重道远。全党要坚持问题导向，保持战略定力，推动全面从严治党向纵深发展，把全面从严治党的思路举措落实得更加科学、更加严密、更加有效，不断增强党自我净化、自我完善、自我革新、自我提高的能力，始终保持党同人民群众的血肉联系。

第五章

最强大的政党要有强大的民心感召力

民心之向背，关乎国家兴亡、治乱兴衰。对于任何政权来说，其政治秩序的合法有序、政治权力的有效行使都离不开社会民众对它的支持。民心作为人民共同的心意，直接反映着人们对政权的认同，这对于国家的安定、政权的稳固至关重要。政治统治必须根植于群众基础之上，只有获得民众支持的、取信于民的政权才是合法、有效的政权。一个未获得人们内心认同的政权，也意味着该政权存在合法性的危机。正因如此，“得民心者得天下”才成为中国人常说的一句关于政治合法性的朴素话语。

一、人民群众是历史的创造者

人民群众是历史的创造者，这是唯物史观的一个基本观点。人民群众是社会历史发展的主导力量，他们不仅是物质财富的创造主体，同时还是精神财富的创造者；他们不仅创造了整个社会的财富，同时还是变革社会的重要力量。正如马克思恩格斯所说，“历史活动是群众的事业”[①]，“人们自己创造自己的历史”[②]。

（一）物质生活资料的生产是一切历史的前提

人类要生存，首先要吃、穿、住、行。人类生活所需的物质资料正是由广大民众生产的，民众是人类社会赖以存在和发展的物质资料的主要生产者。正如恩格斯所说，“自从阶级产生以来，从来没有过一个时期社会可以没有劳动阶级。这个阶级的名称、社会地位有过变化，农奴代替了奴隶，后来本身又被自由工人所代替，……无论不从事生产的社会上层发生什么变化，没有一个生产者阶级，社会就不能生存。可见，这个阶级在任何情况下都是必要的”[③]。马克思在《黑格尔法哲学批判》中阐发市民社会决定国家和法的观点时指出：“不是国家制度创造人民，而是人民创造国家制度。”[④]恩格斯更是明确提出决定人类命运的是人民群众，他说：“在十七世纪的英国和十八世纪的法国，甚至资产阶级的最光辉灿烂的成就都不是它自己争得的，而是平民大众，即工人和农民为它争得的。”[⑤]

（二）人民群众是历史进步的主要动力

历史活动中的许多单个愿望在大多数场合下所得到的完全不是预期的结果，往往是恰恰相反的结果，因而个别的动机对全部结果来说往往

---

① 马克思，恩格斯．马克思恩格斯全集：第2卷．北京：人民出版社，1957：104.
② 马克思，恩格斯．马克思恩格斯选集：第1卷．北京：人民出版社，2012：669.
③ 马克思，恩格斯．马克思恩格斯全集：第25卷．北京：人民出版社，2001：534.
④ 马克思，恩格斯．马克思恩格斯全集：第1卷．北京：人民出版社，1956：281.
⑤ 马克思，恩格斯．马克思恩格斯全集：第18卷．北京：人民出版社，1964：325.

只具有从属的意义。因此，恩格斯强调，探索历史事变的真实原因时应当注意："即使是非常杰出的人物的动机，不如说是使广大群众、使整个整个的民族，并且在每一民族中间又是使整个整个阶级行动起来的动机；而且也不是短暂的爆发和转瞬即逝的火光，而是持久的、引起重大历史变迁的行动。……这是能够引导我们去探索那些在整个历史中以及个别时期和个别国家的历史中起支配作用的规律的唯一途径。"[①]"在这些动机背后隐藏着的又是什么样的动力？在行动者的头脑中以这些动机的形式出现的历史原因又是什么？"[②]就是说，探究隐藏在人们动机背后"构成历史的真正的最后动力的动力"。人们的思想动机归根结底是来源于人们的物质生活资料生产实践。

只要承认物质生产实践在人类社会发展中的决定性作用，就必然要承认人民群众在社会历史发展中的主导作用。首先，物质生活资料的生产活动是人类最基本的实践活动，是决定其他一切活动的活动。因此，人类历史首先应当是直接从事生产实践的人民群众的历史，就此而言，人民群众与其他参与历史创造的人们相比，他们所起的作用是历史的原创力，即原初动力或基础动力的作用。其次，推动人们创造历史的思想动机归根到底是由人们物质生活资料生产的实践所决定的。因此，考察人们历史活动的思想动机，从根本上说主要是考察人民群众的动机，就观念层面而言，人民群众的思想动机是推动历史前进的根本动因。最后，人民群众是推动历史进步的最终决定力量，帝王将相等少数人物固然能推动或延缓历史前进的脚步，但最终决定历史格局或决定历史发展

① 马克思，恩格斯．马克思恩格斯选集：第 4 卷．北京：人民出版社，2012：255-256.

② 同①254-255.

趋势的力量仍然是人民群众。

正如马克思所说："恰巧某个伟大人物在一定时间出现于某一国家，这当然纯粹是一种偶然现象。但是，如果我们把这个人去掉，那时就会需要有另外一个人来代替他，并且这个代替者是会出现的，不论好一些或差一些，但是最终总是会出现的。"[①] 毛泽东同志在党的七大报告中更是指出："人民，只有人民，才是创造世界历史的动力。"[②] 任何英雄人物能否建立起自己的丰功伟业，取决于所处时代的社会矛盾发展是否成熟，是否存在引起革命的社会条件。例如，在加速秦王朝灭亡的过程中，率领农民揭竿而起的英雄陈胜、吴广的作用无疑是巨大的。但他们之所以能够起到如此巨大的作用，是基于广大农民群众对秦王朝封建统治阶级横征暴敛和残酷压迫的忍无可忍以及推翻秦王朝统治的迫切要求。在这样的形势下，陈胜和吴广才能揭竿而起、一呼百应，点燃农民起义的熊熊烈火，极大地冲击了秦王朝的统治基础。没有秦王朝的社会危机的扩大，没有广大农民广泛的推翻秦王朝的迫切需求，任凭什么杰出人物也掀不起那样声势浩大的农民运动，也推动不了历史的发展。清末的农民运动领袖洪秀全发起和领导的太平天国运动声势浩大，严重地打击了清朝的统治。太平天国运动在历史上之所以能掀起那么大的波澜，也是因为鸦片战争之后，中国广大的劳动人民对帝国主义的侵略和清朝的统治强烈不满，不断联合起来进行斗争，使社会矛盾激化。正是在这样的社会基础和群众条件下，才产生了那样一场惊天动地的农民大起义。

---

① 马克思，恩格斯．马克思恩格斯选集：第4卷．北京：人民出版社，2012：649-650.

② 毛泽东．毛泽东选集：第3卷．北京：人民出版社，1991：1031.

二、政治的关键在于赢得民心

民心国之命脉也，国家之安危系焉。纵观封建统治的治乱兴衰，民心的向背、民气的升沉和民力的聚散都起着至关重要的作用。得民心则昌，是永恒的真理；逆民心则亡，亦是铁铸的规律。这要求执政者必须以民心为施政之基、以民智为决策之源，做到最大限度地尊重民心、倾听民意、集中民智、顺应民情，激发全社会的活力，实现社会的真正和谐稳定。

（一）民心是最大的政治

早在三千多年前的西周初年，时去“商纣之亡以民”的殷鉴不远，周成王封蔡仲为诸侯时，满怀忧惧地告诫蔡仲，“皇天无亲，惟德是辅。民心无常，惟惠之怀”（《尚书·蔡仲之命》）。他意在说明，上天对于人并没有亲疏，唯有有德者才能得到上天的辅佑；民心并不是永远不变的，只有不断地给老百姓实实在在的好处，他才会对你真心拥护。

《管子·牧民》中告诫，政权的存废取决于是否尊重和顺应民心，“政之所兴，在顺民心。政之所废，在逆民心”。这是“得民心者得天下；失民心者失天下”的重要思想渊源之一。《尚书》中也有“民惟邦本，本固邦宁”“民之所欲，天必从之”“天视自我民视，天听自我民听”等论述。为了强调人民在国家中的重要地位和作用，《礼记·缁衣》中记载了孔子关于民心的认知：“民以君为心，君以民为体；心庄则体舒，心肃则容敬。心好之，身必安之；君好之，民必欲之。心以体全，亦以体伤。君以民存，亦以民亡。”《孟子·离娄上》更是揭示道，“得天下有道：得其民，斯得天下矣；得其民有道：得其心，斯得民矣”。“桀纣之失天下也，失其民也；失其民者，失其心也。”《庄子·杂篇·说剑》中指出：“中和民意以安四乡。”《东周列国志》第八十七回指出，“帝王之道，在顺民情”。

唐太宗李世民更是感慨道：“为君之道，必须先存百姓，若损百姓以奉其身，犹割股以啖腹，腹饱而身毙。”（《贞观政要·君道》）正是深知民心“可载舟，亦可覆舟”，他采取了一系列发展生产力、顺应民心的举措，从而开创了煌煌大唐的“贞观之治”，即《贞观政要·直谏》中所记载的，“有道之主，以百姓之心为心”。

（二）民心聚散决定天下治乱

北宋仁宗时期，名臣石介在追考历代史实的基础上，揭示了民心之离否与天下之治乱的关系。在其给宋仁宗所上《论根本策》的奏议中开宗明义地指出，“民者，国之根本也。善为天下者，不视其治乱，视民而已矣。天下虽乱，民心未离，不足忧也；天下虽治，民心离，可忧也”。他认为“天下国家”的本质在于，“人皆曰‘天下国家’，孰为天下？孰为国家？民而已。有民则有天下，有国家；无民则天下空虚矣，国家名号矣。空虚不可居，名号不足守”。

中国古代的朝代更替，其决定性因素都在于是否赢得民心。只有察民情、知民意、顺民心，执行安民、惠民、利民的正确治国方略，才会顺应历史发展的方向，使经济发展、社会繁荣、百姓安居乐业；反之，如果背民心、逆民意而行，则经济衰退、社会动荡、百姓苦不堪言。明末农民起义的领袖李自成起兵反明暴政时，一呼百应、所向披靡，百姓呼之为闯王，甚至编出“盼闯王，迎闯王，闯王来了不纳粮”这样的口号，可见当时民心向着李自成。而当李自成做起了“大顺皇帝”，牛金星、刘宗敏之流追名逐利，义军也开始搜刮民财。这时的民心开始裂变，民众纷纷离李自成而去。所以兵败逃离时，李自成也就难免沦为孤家寡人。

三、政权安危取决于民心向背

“历史周期律”的重演反复地证明着民心向背与一定历史必然性的一致性。政党作为人民利益的代表，其权力根源于人民，其前途和命运最终取决于人心向背。政党若不能赢得最广大群众的支持，就必然会出现衰败，甚至垮台。其中最为典型的就是中国国民党，尽管其衰败由各种各样的因素决定，但民心的向背与其兴衰之间存在着直接的关联。

1945 年抗日战争胜利时，国民党在经济和军事等方面的实力明显超过人民革命力量。国民党军队有一半的日式装备，四分之一的美式装备，四分之一的混合式装备，飞机加大炮、坦克，而红军的装备则是小米加步枪。蒋介石集团在抗日战争中并没有脱离抗日阵营，一度在民众中享有“威望”。因此在内战爆发之前人民对其还是抱有希望的。当时，由于在多方面占有绝对优势，蒋介石和国民党军事将领对于打一场全面内战是具有充分信心的。但事实上，抗战胜利后，国民党反动政权迅速走向了崩溃，中国共产党仅用三年时间就取得了解放战争的胜利，推翻了国民党政权。国民党军事溃败虽出乎人们的意料之外，但从“失民心者失天下”来看，其溃败存在历史必然性——国民党反动统治的种种倒行逆施使其迅速失去了民心，使人民最终彻底抛弃了国民党而选择了共产党。

（一）顺应民心才能赢得认同

抗日战争结束之后，人民迫切希望休养生息。1945 年 8 月的《新华日报》曾发表了这样一封读者来信："中国的老百姓，足足有三十多年没有享受过和平的日子。我们对于战后和平的期望，就像饥饿的人等饭吃那样的急迫。但这几年来，中国内战的危机，一直没有解除，日寇一投降，内战的空气也即刻震动了每一个人的心。如果内战，全中国人民都要遭受无穷的损害。"足见全体中国人民对于和平的极度渴望。但是，国民党集团却非要把中国拖向独裁和内战的深渊。1946 年 6 月底，蒋介石一意孤行，置全国人民的反对于不顾，命令国民党军队进攻中原解放区，在全民厌战的情况下发动了一场旨在置共产党人于死地的内战。这样的倒行逆施使国民党集团迅速失去了民心，并为全国人民所唾弃和反抗。

（二）满足人民要求才能赢得人民支持

在抗战胜利时，曾经对国民党抱有很大期望的原沦陷区人民也很快对它感到极端失望。其中一个重要原因就是，国民党政府派到原沦陷区的官员肆意抢掠，把接收变成了"劫收"。国民党当局在从日伪占领区接收了相当大一笔物质财富的同时，却因为在接收中肆无忌惮地贪污舞弊而失去了民心，直接导致了其在接踵而至的内战中迅速失败的后果。诸多的国民党党政军官员都想趁接收日伪财产之机大捞一把，接收人员千方百计将日伪资产化为私有，抢住房、抢汽车、抢物品、抢钱财的现象随处可见。在国民党接收大员们到达之前，收复区就已经被“土行孙”“穿山甲”“变色龙”们搞得乌烟瘴气了。“土行孙”是指抗战时期国民党的一些“地下工作者”，“穿山甲”是人们对由军统指挥或利用的游杂武装的戏称，“变色龙”是当时人们“赠予”蒋介石委任的由各地伪军改编成的“先遣军”的“雅号”。这些人成为国民党派出接收的“先头部队”。之后，国民党政府又在蒋介石的授意下成立了党政接收计划委员会，下设党团、经济、内政、财政、金融和外交6个接受组，同时，各省市也相应设立了党政接收委员会。这些正宗的“接收大员”到达收复区后，更是毫无顾忌地滥用职权、中饱私囊。接收时常常是国府、省府、市府三道封条并贴，党政军各部门同时伸手，“你也抢，我也抢；文和武争，官和民争；有力者公然霸占，无力者暗中盗窃”，无所不用其极。人们愤怒地称他们是“三洋开泰”（捧西洋、爱东洋、要现洋）、“五子登科”（抢车子、房子、金子、衣服料子和女子），并且把接收大员们的贪污方法总结为“八仙过海”，即抢、占、盗、偷、漏、吞、诈、咬。国民党官僚们不仅私吞巨额的敌伪财产，而且将很多其他中国人的私人财产占为己有[①]。这种接收，腐蚀了国民党的官僚队伍，使国民党失尽了人心，“在一片胜利声中，早已埋下了一颗失败的定时炸弹”。对于接收中的混乱不堪、贪赃枉法，当时舆论多有报道和批评。《时事新报》在社评中问道：“政府究竟替老百姓做了些什么？”中国民间舆论的喉舌《大公报》在短短半个月中两次发表社评，即《收复失土

① 许月明．得民心者昌，失民心者亡——抗战后国民党政权迅速崩溃的历史考证．天中学刊，2012（5）．

不要失去人心》《莫失尽人心》，痛斥国民党当局“二十几天时间，几乎把京沪一带的人心丢光了”。1948 年，蒋介石在南京一次高级军事会议上也沉痛地对部下说：“我们的失败，就失败于接收！”[①] 当国民党忙于接收城市的时候，我们党号召所有的干部、军人都要到最贫穷的农民家去，把土地分给农民。从古至今，中国的农民阶级一直占人口的大多数，只要哪个政党能解决好农民的问题，哪个政党就能得到全中国农民的拥护，就能得到民心。毛泽东勉励到前方工作的同志，“我们共产党人好比种子，人民好比土地。我们到了一个地方，就要同那里的人民结合起来，在人民中间生根、开花。我们的同志不论到什么地方，都要把和群众的关系搞好，要关心群众，帮助他们解决困难。团结广大人民，团结得越多越好。放手发动群众，壮大人民力量”[②]。因此，我们就可以理解为什么共产党军队作战的时候有老百姓跟着，受伤了有老百姓抬，然而国民党到哪儿都找不到人。

（三）民生荣枯决定人心厚薄

民心因何而变化？抗战胜利后，民心骤变是如何发生的？决定民心向背的东西到底是什么？很显然，正是民生状况的剧变导致了民心向背的骤变。抗战结束后，蒋介石集团悍然发动全面内战，造成军费激增和财政赤字的日益扩大，使恶性通货膨胀更加疯狂，招致了货币的迅速贬值和物价暴涨。与此同时，以四大家族为首的官僚资本，利用特权，控

---

① 中国人民政治协商会议全国委员会文史资料研究委员会．文史资料选辑：第 13 辑．北京：中华书局，1961：15.

② 毛泽东．毛泽东选集：第 4 卷．北京：人民出版社，1991：1162.

制国家经济命脉，并通过独占金融业、掠夺土地、垄断商业、吞并工矿、增加苛捐杂税等手段大发国难财。这些做法大大加剧了国统区的经济崩溃，使国统区出现物价上涨、民生凋敝、民怨沸腾的局面。国民党政府一次又一次的洗劫，给广大人民带来了极为深重的灾难。在城市，民族工商业纷纷宣告破产，工业体系瓦解，工业产量大幅下降，失业人数陡增，广大工人、市民濒临无法生存的境地；在农村，农业经济凋敝，农民不得不放弃农业而背井离乡外出谋生，农民纷纷躲避征粮、征税和征兵，从而使国民党失去了进行战争所需要的基本人力和物力，加速了国民党军事上的溃败。同时恶性通货膨胀也使民族工商业面临着破产的威胁，反对国民党的呼声充斥着国统区。人民掀起了“反饥饿、反内战”运动，形成了反对国民党的“第二条战线”。

蒋介石和国民党政府没有去唤醒人民，而是把人民看作自己的钱袋子，像对待牛马一般对待他们，致使国民党失去了民心，失败也自然成为历史的必然。

正如毛泽东所述：“蒋介石军事力量的优势，只是暂时的现象，只是临时起作用的因素；美国帝国主义的援助，也只是临时起作用的因素；蒋介石战争的反人民的性质，人心的向背，则是经常起作用的因素；而在这方面，人民解放军则占着优势。”[①] 解放战争中，我们打得那么好，那么顺利，战争的进度比预想的快了，用一句话来说，我们以摧枯拉朽之势，秋风扫落叶般地横扫了蒋介石 800 万军队，为什么？它的秘密、它的秘诀就在于我们得到了人民群众的支持。人民群众的支持使得国民党军队沦为“瞎子”“聋子”，而共产党军队则如同“顺风耳”“千

① 毛泽东 . 毛泽东选集：第 4 卷 . 北京：人民出版社，1991：1246.

里眼”。无论在战前还是在战后，人民都在帮助中国共产党。

河北省平山县曾经传唱着一首民谣，这个民谣就是对“人民拥护共产党”这一结论的生动诠释：“最后一碗米送去做军粮，最后一尺布送去做军衣，最后老棉被盖在担架上，最后亲骨肉送他上战场。”山东省沂蒙老区也有这么一首类似的民谣：“最后一把米送去做军粮，最后一尺布送去做军装，最后老棉袄盖在担架上，最后亲骨肉含泪送他上战场。”就是说，老百姓把他们吃的穿的所有的东西都拿出来奉献给中国共产党的军队，甚至将最后一个亲骨肉也含泪送上战场。

四、中国共产党为什么有强大的民心感召力

世界知名民调机构皮尤研究中心的最新调查结果显示，中国民众对中国共产党和中国政府的满意程度远高于大部分国家的政党。世界五大公关公司之一的爱德曼国际公关公司发布的全球信任度调查报告同样显示，中国共产党领导的中国政府高居信任度排名的榜首。世上之事皆有缘由。中国共产党能够取得如此显著的成就，关键在于能够做到始终凝聚民心。

我们党 90 多年的成长史就是一部与人民群众紧密联系、凝聚民心的发展史。1921 年党的第一次全国代表大会召开之时，全国党员数量仅有 50 多人。经过 28 年奋斗，党带领人民结束了一百多年来被侵略被奴役的屈辱历史，使中国真正成为独立自主的国家，中国人民从此站起来了，成为国家的主人。经历了社会主义建设时期和改革开放新时期，中国经济发展水平迅速提高，综合国力日益增强，国际地位显著提升，

人民生活水平大幅度改善，究其原因，最根本的就是党的正确领导和党的执政地位与执政实践深得民心。中国共产党 90 多年的实践经验反复印证，“争取民心”是真正决定“谁主沉浮”和政权稳固的根本性力量。

（一）中国共产党把马克思主义作为“看家本领”

马克思主义揭示了自然界、人类社会和思维最一般的规律，为我们认识世界的本质、理解人与世界的关系提供了科学依据。马克思主义关于物质生产实践是人类历史发展基础的观点，关于经济社会发展是一个自然历史过程的观点，关于普遍联系、变化发展的观点，关于矛盾分析、历史与逻辑统一的方法等，是我们反对主观主义、反对形而上学，透过现象看本质，从感性认识达到理性认识，以唯物的、辩证的科学方法认识世界、改造世界的锐利武器。马克思主义成为中国共产党的指导思想，马克思主义的立场、观点和方法自然成为共产党人观察和解决一切问题的望远镜和显微镜，是我们党解决当前和今后一个时期关系党和国家工作全局的一系列重大理论和现实问题的哲学依据，是全党思想统一、行动一致的最根本的思想基础。

毛泽东曾经指出：“掌握思想领导是掌握一切领导的第一位。”[①] 邓小平也说过：“我们说改善党的领导，其中最主要的，就是加强思想政治工作。”[②] 习近平也曾说过，在思想理论建设中，坚定理想信念，坚守共产党人精神追求，始终是共产党人安身立命的根本。我们党在这样一个有着 13 亿多人口的大国执政，面对着如此复杂的国内外环境，肩负

---

① 毛泽东 . 毛泽东文集：第 2 卷 . 北京：人民出版社，1993：435.

② 邓小平 . 邓小平文选：第 2 卷 . 北京：人民出版社，1994：365.

着如此繁重的执政使命，如果缺乏理论思维的有力支撑，是难以战胜各种风险和困难的，也是难以不断前进的。因此，我们党始终把能否学好马克思主义哲学当作一个重大的思想问题和政治问题。

中国共产党的历史证明，马克思主义哲学是看家本领。无论是新民主主义革命、社会主义革命，还是社会主义建设和改革，每当历史转折，每逢关键时刻，只要我们坚持从实际出发，坚持实事求是的原则，坚持按唯物辩证法办事，坚持历史唯物主义基本原理，依靠人民，就一定有办法、有出路，能变难为易、转败为胜。反之，那些违背马克思主义哲学的主观主义、教条主义，脱离客观实际的“左”的或右的思想，都会使党的事业遭受损失。一部中国共产党的成长发展史也是一部学习掌握、用好用熟、创新发展马克思主义哲学“望远镜”和“显微镜”的历史，也正是在这一过程中，中国共产党人的“看家本领”不断增强。

理论武装的先进性决定了中国共产党内在本质的先进性，决定了在实践中不断提升中国共产党带领全国人民进行社会主义建设的有效性。以马克思主义的科学理论武装起来的中国共产党，能不断深化对人类社会发展规律、社会主义建设规律和共产党执政规律的认知，不断开拓革命、建设、改革的新局面。

（二）中国共产党把人民立场作为根本政治立场

立场是人类观察事物和处理问题时立足的价值原点，决定着社会主体的行为、方向和目标。一部革命、建设、改革的中国共产党的历史，就是一部中国共产党牢牢把握马克思主义的思想精髓和行动方向，践行为人民服务宗旨，探索为人民服务规律，创新为人民服务方法的历史。

“利民之事，丝发必兴；厉民之事，毫末必去。”（《周官辨非》）利益关系是人类社会最基本的关系之一，人们奋斗所追求的一切，都与他们的切身利益有关。1942 年 5 月，毛泽东在《在延安文艺座谈会上的讲话》中告诫全党：“为什么人的问题，是一个根本的问题，原则的问题。”[①] 而早在 1934 年 1 月，毛泽东在江西瑞金召开的第二次全国工农兵代表大会上就指出，“要得到群众的拥护吗？要群众拿出他们的全力放到战线上去吗？那末，就得和群众在一起，就得去发动群众的积极性，就得关心群众的痛痒，就得真心实意地为群众谋利益”[②]。“我们对于广大群众的切身利益问题，群众的生活问题，就一点也不能疏忽，一点也不能看轻。”[③] 正所谓群众利益无小事。群众的一桩桩“小事”构成了国家“大事”的“细胞”，小的“细胞”健康，大的“肌体”才能充满活力。对于每一个老百姓来说，他们身边的每一件琐碎小事，在他们眼里其实都是实实在在的大事。

1945 年 6 月，党的七大制定的党章第一次明确将全心全意为人民服务作为共产党人的根本宗旨，明确提出中国共产党是中国工人阶级的先进的有组织的部队，代表中华民族与中国人民的利益，中国共产党人必须具有全心全意为中国人民服务的精神，必须与工人群众、农民群众及其他革命人民建立广泛的联系，还强调了每一个党员都要树立群众观点。1956 年，邓小平在中共八大上更是强调：“共产党——这是工人阶级和劳动人民中先进分子的集合体，它对于人民群众的伟大的领导

① 毛泽东．毛泽东选集：第 3 卷．北京：人民出版社，1991：857.

② 毛泽东．毛泽东选集：第 1 卷．北京：人民出版社，1991：138.

③ 同②136.

作用，是不容怀疑的。但是，它之所以成为先进部队，它之所以能够领导人民群众，正因为，而且仅仅因为，它是人民群众的全心全意的服务者，它反映人民群众的利益和意志，并且努力帮助人民群众组织起来，为自己的利益和意志而斗争。”①

在任何时候、任何情况下，与人民同呼吸、共命运的立场不能变，全心全意为人民服务的宗旨不能忘。2016 年 7 月 1 日，习近平总书记在庆祝中国共产党成立 95 周年大会上的讲话中再次强调：“人民立场是中国共产党的根本政治立场，是马克思主义政党区别于其他政党的显著标志。”“坚持不忘初心、继续前进，就要坚信党的根基在人民、党的力量在人民，坚持一切为了人民、一切依靠人民，充分发挥广大人民群众积极性、主动性、创造性，不断把为人民造福事业推向前进。”② 2017 年 8 月 1 日，习近平总书记在庆祝中国人民解放军建军 90 周年大会上特别指出：“历史告诉我们，有了民心所向、民意所归、民力所聚，人民军队就能无往而不胜、无敌于天下。只要始终站在人民立场上，赢得最广大人民衷心拥护，就能构筑起众志成城的铜墙铁壁。前进道路上，人民军队必须牢记全心全意为人民服务的根本宗旨，任何时候任何情况下都做人民子弟兵。”③

作为马克思主义政党，中国共产党的宗旨是为人民服务。中国共产党围绕“为人民服务”展开的一切行为，坚持的最根本的出发点就是人民立场。“人民万岁”“我是中国人民的儿子，我深情地爱着我的祖国和

① 邓小平 . 邓小平文选：第 1 卷 . 北京：人民出版社，1994：218.

② 习近平 . 在庆祝中国共产党成立 95 周年大会上的讲话 . 人民日报，2016-07-02.

③ 习近平 . 在庆祝中国人民解放军建军 90 周年大会上的讲话 . 人民日报，2017-08-02.

人民”“实现好、维护好、发展好最广大人民根本利益”“权为民所用、情为民所系、利为民所谋”“把人民放在心中最高位置”……我们党的领袖们的这些肺腑之言，无不彰显着坚定的人民立场。

实践证明，在中国只有中国共产党而没有其他任何政党，能够代表中国最广大人民的根本利益，能够保持着服务人民、依靠人民、感恩人民、敬畏人民的优秀品德，能够深得人民的信任和爱戴。中国共产党能长期执政是人民的选择，是历史的选择。无论是革命年代“陕北人民用小米哺育了革命政权”“江淮人民用独轮小车推出淮海战役的胜利”，还是新中国成立初期从“一穷二白”到迅速完成社会主义改造并建立了较为完备的国民经济体系，抑或是改革开放新时期中国人民在中国共产党的领导下向国家富强、人民富裕的梦想奋进，都是中国共产党人立足于人民的根本立场，践行“全心全意为人民服务”的根本宗旨，获得最广大人民群众支持拥护并取得胜利的生动写照。

党的十八大以来，以习近平同志为核心的党中央将“以人民为中心”置于治国理政思想的最核心，明确提出把“有利于提高人民的生活水平，作为总的出发点和检验标准”。党的十八届三中全会非常鲜明地指出，改革要“以促进社会公平正义、增进人民福祉为出发点和落脚点”。党的十八届四中全会非常鲜明地强调，“必须坚持法治为了人民、依靠人民、造福人民、保护人民”[①]，以保障人民根本权益为出发点和落脚点。党的十八届五中全会非常全面地阐述了“以人民为中心”的发展思想，以人民为中心的发展思想不是一个抽象的、玄奥的概念，不能只停留在口头上，止步于思想环节，而要体现在经济社会发展各个环节。

① 习近平．加快建设社会主义法治国家．求是，2015（1）．

要坚持人民主体地位，顺应人民群众对美好生活的向往，不断实现好、维护好、发展好最广大人民根本利益，做到发展为了人民、发展依靠人民、发展成果由人民共享。

习近平总书记在党的十九大报告中明确提出："不忘初心，方得始终。中国共产党人的初心和使命，就是为中国人民谋幸福，为中华民族谋复兴。这个初心和使命是激励中国共产党人不断前进的根本动力。全党同志一定要永远与人民同呼吸、共命运、心连心，永远把人民对美好生活的向往作为奋斗目标，以永不懈怠的精神状态和一往无前的奋斗姿态，继续朝着实现中华民族伟大复兴的宏伟目标奋勇前进。"

（三）打铁还需自身硬

1992 年，邓小平同志在南方谈话中特别告诫："正确的政治路线要靠正确的组织路线来保证。中国的事情能不能办好，社会主义和改革开放能不能坚持，经济能不能快一点发展起来，国家能不能长治久安，从一定意义上说，关键在人。""中国要出问题，还是出在共产党内部。"[①]"说到底，关键是我们共产党内部要搞好"[②]。邓小平同志的这些话，再一次把党的建设提到了极其重要的位置。历史经验证明，中国革命的胜利，取决于我们党的正确领导；同样，中国特色社会主义的建设成效，也取决于我们党在新的历史条件下更加富有成效的领导。越是改革开放，越要加强党的领导，搞好党的建设。

打铁还需自身硬，打铁的人必须是铁打的人。保持党的先进性和

① 邓小平 . 邓小平文选：第 3 卷 . 北京：人民出版社，1993：380.

② 同 ①381.

践行党的根本宗旨，共产党人必须在改造外部客观世界的同时，时刻不能放松改造自身的主观世界，不能放松对自身问题的解决，必须使自己始终跟上时代发展、实践要求和人民期盼。毛泽东同志曾形象地指出："房子是应该经常打扫的，不打扫就会积满了灰尘；脸是应该经常洗的，不洗也就会灰尘满面。我们同志的思想，我们党的工作，也会沾染灰尘的，也应该打扫和洗涤。"[①] 革命者必先自我革命，必先有更加坚定的自我革命意志和行动。中国共产党的伟大不在于不犯错误，而在于从不讳疾忌医，敢于直面问题，勇于自我革命，具有极强的自我修复能力。习近平总书记反复强调"打铁还需自身硬"，这个"硬"蕴含着锤炼自身，降解杂质，提高纯度、硬度的必然要求。

风清气正，则民德归厚，天下归心。2016 年 7 月 1 日，在庆祝中国共产党成立 95 周年大会上，习近平同志告诫全党，"如果管党不力、治党不严，人民群众反映强烈的党内突出问题得不到解决，那我们党迟早会失去执政资格，不可避免被历史淘汰"[②]。在十八届中央政治局的第一次集体学习时，习近平总书记特别强调，"物必先腐，而后虫生"。近些年来，一些国家因为长期积累的矛盾导致民怨载道、社会动荡、政权垮台，其中贪污腐败就是一个很重要的原因。

全面从严治党，是人心所向，更是时代发展大势所趋。党的十八大以来，党中央着力解决管党治党失之于宽、失之于松、失之于软的问题，奋力开创全面从严治党新局面。从厉行八项规定到反"四风"不松劲，从强力"打虎""拍蝇"到海外追逃追赃，从完善党内法规到落实

---

① 毛泽东．毛泽东选集：第 3 卷．北京：人民出版社，1991：1096.

② 习近平．在庆祝中国共产党成立 95 周年大会上的讲话．人民日报，2016-07-02.

“两个责任”，不断取得新成效。习近平总书记在十八届中央纪委六次全会上的重要讲话中特别强调，“民心是最大的政治，正义是最强的力量”。在十八届中央纪委七次全会精神新闻发布会上，中央纪委副书记吴玉良指出，党的十八大以来，中央纪委共立案审查中管干部 240 人，给予纪律处分 223 人；全国纪检监察机关共立案 116.2 万件，给予纪律处分 119.9 万人；全国共处分乡科级及以下党员、干部 114.3 万人，处分农村党员、干部 55.4 万人。2014 年以来，共追回外逃人员 2 566 名，“百名红通”人员已有 37 人落网，追赃金额 86.4 亿元[①]。这可能引起一些地区、一些部门、一个时期的冲击和震动，但亦如习近平总书记所言，“不是没有掂量过，但我们认准了党的宗旨使命，认准了人民的期待”[②]。对以习近平同志为核心的党中央而言，反腐败没有免罪的“丹书铁券”，没有“铁帽子王”。

反腐败增强了人民群众对党的信任和支持，人民群众给予高度评价。据国家统计局开展的全国党风廉政建设民意调查数据显示，党的十八大召开前，人民群众对党风廉政建设和反腐败工作的满意度是 75%，2013 年是 81%，2014 年是 88.4%，2015 年是 91.5%，2016 年是 92.9%，逐年走高[③]。这充分表明党中央坚定不移全面从严治党，顺党心、合民意，高度凝聚党心民心，夯实了党执政的政治基础。

---

① 中纪委：十八大以来中央纪委立案审查中管干部 240 人 . 新华网，2017–01–09.

② 习近平谈铁腕反腐：不是没有掂量过，但认准了人民的期待 . 人民网，2015–01–04.

③ 中纪委：2016 年群众对党风廉政建设和反腐败工作满意度达 92.9%. 人民网，2017–01–09.

（四）中国共产党让人民群众的获得感持续提升

张学良总结国民党在大陆失败的主要原因是“民心尽失”，并赞叹：“共产党的厉害，就是共产党能够看清这事情的趋势，知道民众往哪儿走，他知道了民众的意思，他就能够真正去那么做。”中国共产党从诞生伊始，历经中国革命、建设、改革的不同实践，其存在和行动的价值意义始终不离开“为民”二字，贯穿的主线就是使中国人民从站起来，到富起来，再到强起来，不断增强人民群众的获得感，并把是否促进经济社会发展、是否给人民群众带来实实在在的利益作为检验改革成效的评价标准。

2012 年 11 月 15 日，习近平在中外记者见面会上说：“我们的人民热爱生活，期盼有更好的教育、更稳定的工作、更满意的收入、更可靠的社会保障、更高水平的医疗卫生服务、更舒适的居住条件、更优美的环境，期盼着孩子们能成长得更好、工作得更好、生活得更好。人民对美好生活的向往，就是我们的奋斗目标。”[①] 带领人民创造幸福生活，是我们党始终不渝的奋斗目标。人世间的一切幸福都是要靠辛勤的劳动来创造的。我们的责任，就是要团结带领全党全国各族人民，继续解放思想，坚持改革开放，不断解放和发展社会生产力，努力解决群众的生产生活困难，坚定不移走共同富裕的道路。中国共产党是一个严肃的党，是一个对历史、对人民极端负责任的党。党坚持全心全意为人民服务的根本宗旨，言必行、行必果，一诺千金。这与西方国家政党为了拉选票说一套做一套有着本质的不同。我们党始终与人民干在一起、苦在一

① 习近平：人民对美好生活的向往是我们的奋斗目标 . 人民网，2012–11–15.

起，认真回顾和总结好过去，不忘初心、砥砺前行，这极大地鼓舞了广大党员、干部和群众，起到了凝聚人心的作用。长期以来，我们党把实现共同富裕作为中国特色社会主义的本质规定，坚持以人民为中心的发展观，坚持发展为了人民、发展依靠人民、发展成果由人民共享，在经济发展基础上不断增强人民群众的获得感，这是我们党始终赢得群众拥戴的关键所在。

经济的高速增长、民族复兴、国际地位的快速提升，让民众有了前所未有的获得感、民族自豪感。中国在改革开放 40 年的发展中，取得了西方资本主义国家几百年才有的成就，中国成为世界第二大经济体、最大货物贸易国，7 亿多人口脱贫（按照中国贫困标准），13 亿多人民的生活质量和水平大幅度提升。人民生活实现了从温饱不足到总体小康的历史性跨越，各项社会事业显著进步。人民对美好生活的向往，已经逐步由梦想变为现实。

经济快速发展为民生建设提供了物质保障。多年来，我国的经济发展速度一直保持高位运行，创造了世界经济百年史上的空前奇迹。在良好的经济形势下，政府有能力把越来越多的“真金白银”用于改善与人民生活息息相关的交通、教育、医疗以及社会保障等领域的现状。越来越多的贫困地区、偏远地区人民的生活状况得到改善，全球 1/5 人口的吃饭穿衣问题得到基本解决，我国城乡居民生活水平实现了从贫困到温饱再到总体小康的历史性跨越，为全球反贫困事业做出了重要贡献。城乡居民养老、医疗、低保等保障水平不断提高，一张保基本、兜底线、广覆盖的民生保障网不断织密织牢。脱贫攻坚领域硕果累累。2014 年减贫 1 200 万人，2015 年减贫 1 442 万人，2016 年又减贫 1 000 多万人[①]。

逐步推进城乡基本公共服务均等化。党的十八届三中全会提出，紧紧围绕更好地保障和改善民生、促进社会公平正义，深化社会体制改革，改革收入分配制度，促进共同富裕，推进社会领域制度创新，推进基本公共服务均等化。在我国公共财政体制建设的过程中，大幅度增加了对“三农”、教育、医疗卫生、社会保障、文化体育、保障房建设等重点领域的投入，为基本公共服务均等化提供了有效支撑。

2017 年 7 月 26 日，在省部级主要领导干部专题研讨班开班式上，习近平总书记特别提到人民对美好生活的向往的八大期盼：“经过改革开放近 40 年的发展，我国社会生产力水平明显提高；人民生活显著改善，对美好生活的向往更加强烈，人民群众的需要呈现多样化多层次多方面的特点，期盼有更好的教育、更稳定的工作、更满意的收入、更可靠的社会保障、更高水平的医疗卫生服务、更舒适的居住条件、更优美的环境、更丰富的精神文化生活。”[②]

① 李建 . 人民分量最重　彰显一心为民宗旨本色 . 南方网，2017–02–13.

② 习近平 . 高举中国特色社会主义伟大旗帜　为决胜全面小康社会实现中国梦而奋斗 . 人民日报，2017–07–28.

第六章

最强大的政党要有强大的组织动员力

人类社会最深厚的伟力来源于组织，有组织才能积聚力量，这不仅是知识经验，也是组织行为学的基本原理。当今世界，政党是现代政治特有的体制，政党组织的强大与否是衡量政党力量的核心标准，因此，各个国家无不追求建立强大的政党组织。马克思主义政党因怀有崇高的理想、肩负着艰巨的使命而更加强调组织的作用。110 多年前，列宁在创立新型马克思主义政党的过程中就旗帜鲜明地指出："无产阶级在争取政权的斗争中，除了组织而外，没有别的武器。"[①] 百年以降，在风起云涌的国际共产主义运动中，新式的、科学的组织成为马克思主义政党斗争的利器，其所产生的惊人动员力，不仅砸烂了一个旧世界，同时也建设了一个新世界。在世界政党史上，马克思主义政党的组织动员力量曾支撑起近代以来最深入、最持久的国际运动，建立并建设了世界上一大批社会主义国家，打赢了人类历史上迄今为止最大规模的战役。当前中国共产党具有举世公认的强大组织动员力，推动了自工业革命以来规模最大、速度最快、难度最大的现代化进程。这一世界现代化史上第

① 列宁．列宁选集：第 1 卷．北京：人民出版社，1972：510.

二次 10 亿人以上的现代化，是由中国一个国家，在中国共产党领导下沿着中国特色社会主义道路推进的。习近平总书记在党的十九大报告中自信地指出中国未来的现代化之路：“综合分析国际国内形势和我国发展条件，从二〇二〇年到本世纪中叶可以分两个阶段来安排。第一个阶段，从二〇二〇年到二〇三五年，在全面建成小康社会的基础上，再奋斗十五年，基本实现社会主义现代化。……第二个阶段，从二〇三五年到本世纪中叶，在基本实现现代化的基础上，再奋斗十五年，把我国建成富强民主文明和谐美丽的社会主义现代化强国。”中国共产党强大的组织动员力是人类有史以来最大体量现代化的核心推动力量。当前，中国共产党正在满怀信心地进行伟大斗争，建设伟大工程，推进伟大事业，实现伟大梦想。这个世界上最大的共产党、最大的执政党正努力推进全面从严治党，建设世界上最强大的政党。

一、组织动员力支撑起政党自信

2016 年 7 月 1 日，这个在成立之初不足 60 人的政党在庆祝其成立 95 周年时，不仅已成为世界上最大的执政党，而且正以空前的理性和自信的姿态向世界展示自己的历史、成就和愿望。在庆祝大会上，习近平代表全党庄严指出：“当今世界，要说哪个政党、哪个国家、哪个民族能够自信的话，那中国共产党、中华人民共和国、中华民族是最有理由自信的。”[①] 基于实力的自信是最理性的，基于成就的自信是最有理由的。纵观中国共产党筚路蓝缕的奋斗历程，强大的组织动员力是

① 习近平．在庆祝中国共产党成立 95 周年大会上的讲话．人民日报，2016-07-02.

党自信的基石。有了强大的组织动员力，中国共产党对内能够集全党之力、聚全党之智，对外能够团结一切可以团结的力量，在革命、建设、改革和全面深化改革的道路上，逢山开路、遇水搭桥，战胜一个又一个困难，走出一个又一个挫折，不断自我净化、自我完善、自我革新、自我提高，创造出一个又一个伟大成就。

大革命时期，幼年时期的中国共产党虽然小但并不弱。在与国民党合作北伐的过程中所展示出来的组织内聚合力和组织外动员力，不仅令同盟者吃惊，也让敌对者叹服。作为主要由知识分子组成的政党，中国共产党在革命中认识到工农的力量之后，这个不足千人的党迅速统一全党思想、凝聚全党共识，在中国共产党第四次全国代表大会上首次明确提出了无产阶级领导权和工农联盟问题。中国共产党第四次全国代表大会后，党凭借领导和控制的160多个工会及54万有组织的工人发起了五卅运动、省港大罢工。在几乎是掀起工人运动高潮的同时，中国共产党组织动员农民进行学习，推动农民运动。广东革命政权在广州先后举办了6届农民运动讲习所，迅速为广东和全国20个省区培训了700多名农运骨干。1926年11月，中共中央决定成立由毛泽东任书记的中共中央农民运动委员会，专事组织动员全国农民运动。中共中央农民运动委员会以湖南、湖北、江西农民运动为点，随后其他各省的农民运动也逐渐兴起。至1927年3月底，农会组织已遍及粤、湘、鄂、赣、豫、陕、皖、川、闽、浙、苏、鲁、桂、冀、察等省，有组织的农民达800万人。中国共产党组织动员的轰轰烈烈的工农运动，动摇了帝国主义、官僚资本主义和封建专制主义在中国的统治基础，有力地支援了北伐战争，开启了中国历史上为数不多的、自南而北的速胜统一战争。也正是幼年中国共产党展示出超越其年龄和组织的强大组织动员力，才让过去的敌人和曾经是友党的右派忧惧，使党遭受了建党以来的首次巨大挫折。

大革命挫伤了中国共产党组织发展的势头，但没有伤及党的组织原则和模式。年轻的中国共产党重新站起来，继续组织起来，把支部建在连上，把组织延伸到基层。用 7 年左右的时间，把党员队伍壮大到 30 万人，把全国工农红军发展到 30 万人。第五次反“围剿”后，党遭受第二次重大挫折，被迫开启万里长征的征途，在长征的途中损失了 90% 的党员和军队。年轻的中国共产党克服重重困难，在绝望中寻求希望，在艰苦的环境中不断奋斗。全面抗战开始后，我们党组织局部政权，团结全民族力量共同抗战，在战争中发展壮大自己，用了 8 年的时间，拥有了 121 万党员，领导着 120 万人民军队和近 1 亿人口，开辟了近 100 万平方公里抗日民主根据地。数字是苍白的，但数字背后的历史意涵是深厚的。较之同期国民党的688万名党员[①]，中国共产党党员数量显然处于劣势。但要知道，此时的中国共产党仍是一个以农村为中心的党，党活动的地域人口稀少、经济落后、资源贫瘠又遭受日军、日伪军和国民党军队的多重威胁，在这样的环境中，我们党依然成长为当时全国第二大党，走近中国政治舞台的中心。这靠的是什么？毛泽东同志很自信地给出答案，即“统一战线，武装斗争，党的建设，是中国共产党在中国革命中战胜敌人的三个法宝，三个主要的法宝。这是中国共产党的伟大成绩，也是中国革命的伟大成绩”[②]。这其中，党的建设伟大工程中所蕴

① 李云汉．中国国民党党务发展史料（组织工作）．台北：中国国民党中央委员会党史委员会，1993：156.

② 毛泽东．毛泽东选集：第 2 卷．北京：人民出版社，1991：606.

含的科学强大的组织动员力是党和人民军队不断发展壮大的直接动力。当新中国完成新民主主义革命，准备向社会主义过渡时，中国共产党凭借强大的组织动员力超越国民党成为中国最大的执政党；在过渡到社会主义时，超越曾经的“老大哥”——苏联共产党，成为世界上最大的共产党。今天，中国共产党党员数量已经超越国民党的100多倍，超越鼎盛时期的苏联共产党党员数量的5倍，成为世界第一大党。

当前，这个世界第一大党正领导着世界历史上规模最大的现代化建设。中国的现代化区别于已有的盎格鲁－撒克逊模式、莱茵模式和东亚模式，它不是由国家、社会、市场主导推动的，而是由政党作为第一推手主导、推动的。党政军民学，东西南北中，党是领导一切的。中国共产党总揽全局、协调各方，组织动员一切积极因素，团结一切可以团结的力量，举全党、全国、全民族、全军之力之智进行一场前无古人的现代化，创造一个又一个奇迹：从“两弹一星”到三峡工程，从长达40年的高速经济增长到奥运会、世博会的举行，从超级计算机到抗震救灾，从“三反”“五反”到“两学一做”等，不一而足。中国共产党依靠强大的组织动员力一路自信地走来，克服了无数艰难险阻，战胜了各种各样的敌人，也赢得了一个又一个伟大的胜利，取得了一个又一个的伟大成就。面向未来，习近平总书记在党的十九大报告中自信地强调：“站立在九百六十多万平方公里的广袤土地上，吸吮着五千多年中华民族漫长奋斗积累的文化养分，拥有十三亿多中国人民聚合的磅礴之力，我们走中国特色社会主义道路，具有无比广阔的时代舞台，具有无比深厚的历史底蕴，具有无比强大的前进定力。”

二、组织动员力基于科学模式

中国共产党强大的组织动员力是由“一个中心，两个基本点”构成的。“一个中心”即党组织是中心，“两个基本点”即组织内动员力和组织外动员力，由此形成内外双强的组织动员模式。这一模式在世界政党中是非常独特的。

内外双强的组织动员模式是以组织为支撑的。组织内动员主要在党内，动员党的各级组织、干部和党员；组织外动员主要在党外，对国家和社会进行动员。

（一）组织内动员多维多向

组织内动员必须依靠组织体系。然而组织是静态的、抽象的，组织本身并不会产生动员力，必须借助组织的运作机制才能产生。中国共产党的组织内动员机制是多维多向的。

在纵向上是先锋队机制，即按照“中国共产党是中国工人阶级的先锋队，同时是中国人民和中华民族的先锋队”的机制进行组织动员，强调以上率下、先进带动后进。党的领袖（列宁定义的职业革命家）走在全党前面，团结带领全党前进；紧随其后的是党的干部，在各级组织中起骨干作用；紧随干部后面的是普通党员，发挥先锋模范作用；紧随党员后面的三类人，即预备党员、入党积极分子、发展对象，他们是党员与非党员的过渡地带，是群众中的先进分子，积极向党组织靠拢；紧随三类人后面的是党的外围组织，党的外围组织后面是群众中的工人和农民阶级（层），这是党的阶级基础；紧随党的阶级基础的是其他社会阶层（见图 6–1）。

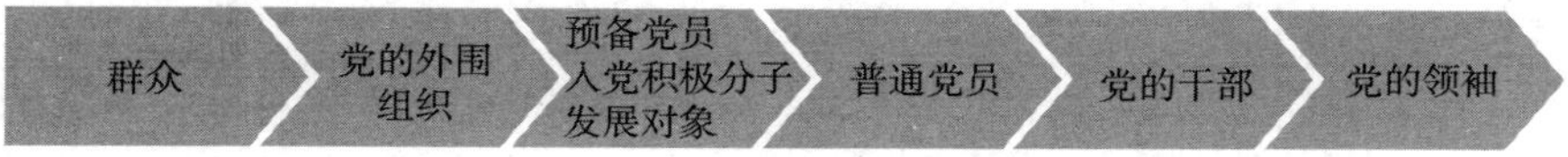

图 6–1　中国共产党先锋队组织动员机制

这个联动的行军队列能够自上而下地进行有效的组织动员，依靠的正是先锋队机制。这一机制有两种机理：一是先进性机理，即通过自上而下贯彻落实正确的路线、方针、政策进行组织动员；二是行政性机理，即中央组织、地方组织、基层组织通过下管一级的人事行政逻辑进行动员。

在横向上是协调机制。一是通过正式的组织联络各单位和部门之间进行横向协作，实现对人、财、物等资源的动员；二是通过非正式的领导小组、现场办公会、联席会议等形式进行部门协同，实现资源跨部门流动，以此彰显组织动员力。

（二）组织外动员有效有力

组织外动员集中体现为中国共产党对执政资源的动员。较之世界上其他执政党，中国共产党拥有令人羡慕的丰富的执政资源。这些资源包括“基础性资源、运作国家政治权力产生的资源、执政权力的拓展性资源”[1]，主要是政权资源和社会资源。

在政权资源的动员上，党主要通过组织嵌入或组织体系延伸[2]，在

① 蒯正明，杨新宇．中国共产党执政资源建设研究．上海：同济大学出版社，2010：26–28.

② 罗峰．嵌入、整合与政党权威的重塑——对中国执政党、国家与社会关系的考察．上海：上海人民出版社，2009：161.

中央和地方国家机关、人民团体、经济组织、文化组织和其他非党组织的领导机关中成立党组，中央和地方各级委员会派出党工委加强对同级党和国家机关或某行业（系统）、某地区的领导。通过组织内嵌和党管干部、党管人才等方式，发挥党组织的领导核心、政治核心、战斗堡垒作用和服务功能，发挥党员的先锋模范作用，实现党的组织覆盖和工作覆盖，保障组织动员有效、有力。

在社会资源的动员上，强化组织对社会的吸纳能力。通过发展党员增加党与社会的接触面，动员社会中的先进分子入党，进行政党吸纳；通过统战机制、政协制度整合国（境）内外的精英，进行体制吸纳；充分利用外围组织力量，发挥工青妇等人民团体组织作用，组织动员特定社会群体力量；利用行政、立法、司法机关等提供公共服务，争取社会认同，凝聚社会力量和共识。皮尤研究中心 2010 年以来的年度调查显示，超过 80% 的中国人对国家的发展方向感到满意。2016 年，75% 的受访者认为，中国在国际事务中扮演的角色比 10 年前更为重要，60% 的受访者认为中国对全球经济的参与是积极的[①]。高度的社会认同正是中国共产党组织动员力高的基础和前提。

通过内外互动的先锋队机制和组织嵌入机制，中国共产党开启了内外双强的组织动员模式。在这种模式下，中国共产党强大的组织体系能够充分调动组织内外的各种资源，团结一切可以团结的力量，动员一切可以动员的资源，集中力量办大事、办成事。改革开放以来，特别是党的十八大以来，五年砥砺奋进、五年跨越发展，一个越来越强大的中国、一个越来越稳定的中国、一个越来现代化的中国，无不注解着中国

① 美媒：超过 80% 的中国人对国家的发展方向感到满意 . 参考消息，2017-08-15.

共产党强大的组织内外动员力。

三、组织动员力源自强大领导体系

一个强大的政党，应该具备“振臂一呼、应者云集”的组织威力。习近平同志强调，“党的力量来自组织，组织能使力量倍增”[①]。中国共产党的组织动员力是举世公认的，这种能力来源于强大的组织体系，来源于得力的干部队伍，来源于严密的组织纪律和共同的理想信念。这也是令世界上其他政党羡慕的众多优势中较为突出的一点。许多西方学者从政治学、社会学理论上对此也给予了很高评价。西方政治发展理论的代表人物亨廷顿在大量比较研究基础上得出一个基本结论，即没有政党或者只有许多弱小政党的国家是最不稳定的。他特别认可中国共产党在现代化进程中的作用，认为有效的“动员”和“组织”增强了共产党推进现代化的能力。

（一）强大的组织体系保证强大组织动员力

近代中国积贫积弱，一个根本性的问题是政治组织的组织动员力供给不足，政治组织不能有效弥合政治分歧，政治碎片化问题严重。各种政治力量进行各种政治试验，经常以非政治手段解决政治问题。政治腐败、衰朽、无力，对内管理无力、治理无方，对外交涉失败，屡屡丧权辱国。对一个强大的政治组织和强大组织动员力的期待是中国近代历史

① 习近平在十八届中央纪委三次全会上发表重要讲话．中华人民共和国中央人民政府网，2014-01-14.

一个鲜明的政治主题。探索照搬西方民主制度、试图回归传统帝制、企图调和中西而建立法西斯制度都先后宣告失败。在中国各种政治试验中，只有中国共产党的组织建设和党建国家路径，最终实现了政党和国家的强大组织动员力，从根本上回应了近代历史的期待。中国共产党不断发展完善的强大组织动员力，是缔造国家、整合社会、复兴文化、建设现代化的动力源泉，在国家和社会的改革、发展、稳定中发挥着巨大作用。正如亨廷顿所言："强大的政党组织是唯一能最终排除腐化型的或普力夺型的或群众型的社会动乱的选择。政党不仅仅是个辅助性组织，而是合法性和权威性的源泉。在缺乏合法性的传统根基的情况下，人们就只好在意识形态、领袖魅力和主权在民论中去寻求合法性。为了能够长期存在下去，意识形态、领袖魅力或主权在民论等各种合法原则又都必须体现在一个政党的身上。不是政党反映国家意志，而是政党缔造国家，国家是政党的工具。政府的行动只是反映了政党的意志才是合法的。政党是合法性的根基，因为它是国家主权、人民意志或无产阶级专政的制度化身。"① 中国共产党与国家政权、社会民众等的特殊组织关系，造就国家和社会的发展模式，其强大的组织动员力推动了国家和社会的发展。

力量源自组织，强大组织动员力基于强大的组织体系。中国共产党现在是一个拥有 8 944.7 万名党员、451.8 万个基层组织的强大政党。一个成员数可敌国的超级大党，并没有因大而散，反而因大而强。《中国共产党章程》第十条规定，党是根据自己的纲领和章程，按照民主集中制组织起来的统一整体。党章的第三章、第四章、第五章从纵向上

① 亨廷顿．变化社会中的政治秩序．北京：三联书店，1989：85.

规定了党的组织体系、党的最高领导机关、党的全国代表大会和它所产生的中央委员会。党的地方各级领导机关是党的地方各级代表大会和它们所产生的委员会。党的基层组织根据工作需要和党员人数，经上级党组织批准，分别设立党的基层委员会、总支部委员会、支部委员会（见图 6–2）。

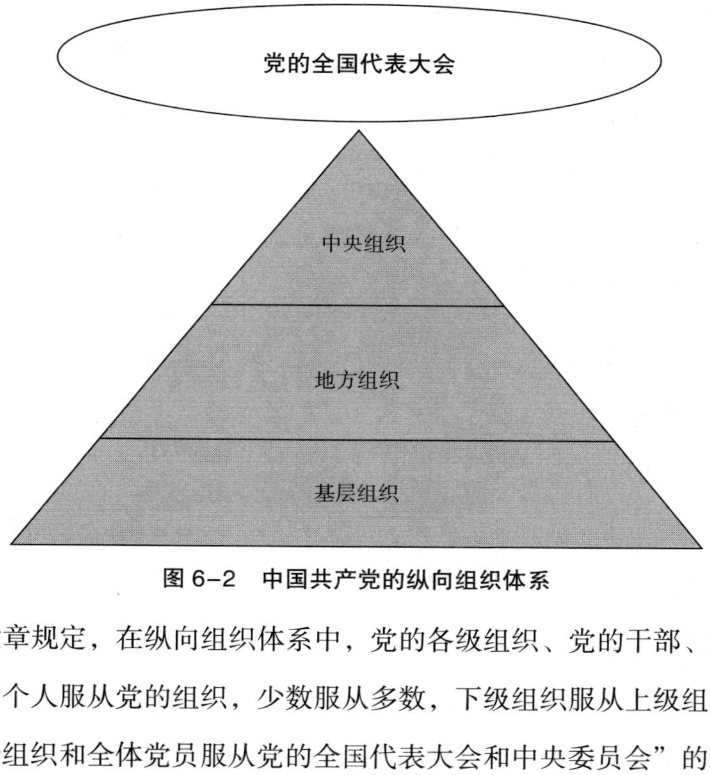

图 6–2　中国共产党的纵向组织体系

党章规定，在纵向组织体系中，党的各级组织、党的干部、党员都遵从“个人服从党的组织，少数服从多数，下级组织服从上级组织，全党各个组织和全体党员服从党的全国代表大会和中央委员会”的组织原则。党员与组织，少数与多数，下级与上级，基层、地方与中央都有一整套组织制度、逻辑和纪律，让整个组织上下联动、左右互动，整体与部分如身使臂、如臂使指，系统协调。党的十八届六中全会明确习近平同志的核心地位，正式提出“以习近平同志为核心的党中央”。在全面建成小康社会决胜阶段，在中国特色社会主义发展关键时期，中国共产党确立了核心，全体党员增强了“政治意识、大局意识、核心意识、看齐意识”，党的组织体系将更加严整有力。

（二）得力的干部队伍保证强大组织动员力

党的干部是党的事业的骨干，是人民的公仆。毛泽东同志曾指出：“政治路线确定之后，干部就是决定的因素。”[①] 我们党能够在革命、建设、改革和全面深化改革中有强大的组织动员力，与拥有得力的干部队伍是分不开的。建党 97 年来，正是在一代又一代德才兼备的干部的推动下，党的事业才不断取得一个又一个的胜利；正是在无数好干部的努力下，党的组织动员力才得以实现、增强。

党是组织来代表的，而组织是由干部来代表的，干部素质能力是组织能力的集中体现。群众看党员、党员看干部，干部是决定组织凝聚力和战斗力的“关键少数”。党的干部在革命、建设和改革过程中都历经考验，证明过自己的能力，是无愧于党的事业的骨干，是无愧于人民的公仆。目前，中国共产党拥有世界上最庞大的干部队伍，这支干部队伍虽然还存在着不少问题，但主流是好的。2013 年 6 月，习近平同志在全国组织工作会议上提出好干部的五个标准，即“信念坚定、为民服务、勤政务实、敢于担当、清正廉洁”。在党的十九大报告中，习近平总书记再次强调：“坚持德才兼备、以德为先，坚持五湖四海、任人唯贤，坚持事业为上、公道正派，把好干部标准落到实处。”新的标准已立，新的使命已明，新的任务已定，一支正在建设中的“革命化、年轻

① 毛泽东 . 毛泽东选集：第 2 卷 . 北京：人民出版社，1991：526.

化、知识化、专业化”的干部队伍正在形成，一支得力的、靠得住的、有战斗力的队伍正在形成，这支队伍必将能在新形势下肩负新使命、担当新责任、完成新任务，必将能凝聚人心、智慧和力量，动员各种资源，为党的事业发展再立新功。

中国共产党依靠得力的干部队伍走到今天，必将依靠更加得力的干部队伍走向未来。

（三）严密的组织纪律保证强大组织动员力

没有规矩不成方圆。纪律是我们立党的基石和保证，是我们党战斗力、凝聚力的保障，也是我们党组织动员力的保障。我们党向来强调纪律。毛泽东同志强调：“加强纪律性，革命无不胜。”① 1949 年，解放军进入上海时纪律严明，秋毫无犯。当时，“解放军睏在马路上”的消息，着实震动了整座城市。据前国家副主席荣毅仁回忆，当年解放上海时，枪炮声响了好几天，突然一天晚上不响了，外面很安静。天亮时，荣老一开大门，惊讶地发现整条街道躺满了解放军，万千战士竟然没打扰所有住户！震撼之中他的第一个反应就是，国民党再也回不来了！

当时，《大公报》还报道过这样一件小事。某对新人定于 25 日在上海一俱乐部结婚。婚礼正在进行，解放军到了，来接收这个国民党机构，新人、宾客进退维谷。不料，解放军很客气地说：“你们结婚。”等到礼毕，又等到宾客们进完茶点，司仪宣布终场，解放军才进场接收。解放军严明的军纪感动了士人、平民，也令上海的商贾大亨们动容。

① 毛泽东．毛泽东文集：第 5 卷．北京：人民出版社，1996：194.

革命战争年代，党与军同体同构，党纪即军纪，军纪鲜明地体现党纪。铁的纪律是党先进性和战斗力的保证，也是我们党赢得革命胜利的重要保证，也是党取得建设、改革、全面深化改革事业伟大成就的重要保证。习近平同志在第十八届中央纪律检查委员会第五次全会上强调，“加强纪律建设是全面从严治党的治本之策。我们党是用革命理想和铁的纪律组织起来的马克思主义政党，组织严密、纪律严明是党的优良传统和政治优势，也是我们的力量所在”[①]。纵观古今，放眼世界，鲜有像中国共产党这样如此高度重视党纪、深入学习党纪、严格执行党纪的政党。可以说，严密的党纪是中国共产党区别于其他政党的显著标志，是中国共产党为什么能够在组织内外进行有效动员的法宝。因为严明的纪律，能够让组织内成员在政治上思想上行动上步调一致，能够让组织外成员尊重、认可党组织、党的干部和党员，从而能够凝聚组织内外力量和资源，形成强大的组织动员力。

（四）共同的理想信念保证强大组织动员力

在组织行为学框架中，对于大型组织而言，组织动员力体现为组织凝聚内外共识、明确发展方针、驾驭共性行为的能力。成功的组织往往可以通过有效动员，形成理念、文化、行为、资源的高度向心性与一致性，确保组织顺利实现自身战略目标。而失败的组织往往失败于缺乏动员力，无法进行有效动员，无法驾驭变革，涣散而缺乏一致性。组织建设的历史经验显示，组织共识是组织动员的前提和基础。对中国共产党而言，全党最大的组织共识就是共产主义远大理想和中国特色社会主义

① 习近平谈中共的纪律和规矩．人民网，2016-01-08.

共同理想。

习近平同志在庆祝中国共产党成立95周年大会上的讲话中指出："革命理想高于天。中国共产党之所以叫共产党，就是因为从成立之日起我们党就把共产主义确立为远大理想。我们党之所以能够经受一次次挫折而又一次次奋起，归根到底是因为我们党有远大理想和崇高追求。"[①] 在十九大报告中，习近平总书记再次强调："共产主义远大理想和中国特色社会主义共同理想，是中国共产党人的精神支柱和政治灵魂，也是保持党的团结统一的思想基础。"建党97年来，特别是改革开放40年来，中国共产党用共产主义远大理想凝聚全党共识，用中国特色社会主义共同理想凝聚全国各族人民共识，确立共同目标，确定共同任务，凝聚各方力量，协调各方行动，共同致力于建设中国特色社会主义，进行伟大斗争，推进伟大事业，实现伟大梦想。可以说，没有共识就没有共同行动，也就谈不上什么组织动员力。所以，面向未来，在继续统筹推进"五位一体"总体布局和协调推进"四个全面"战略布局，决胜全面建成小康社会，夺取中国特色社会主义伟大胜利，实现中华民族伟大复兴的过程中，必须不断坚定共产主义远大理想和中国特色社会主义共同理想。

四、再组织动员起来争取更大胜利

习近平同志在纪念红军长征胜利80周年大会上的讲话中指出，"每一代人有每一代人的长征路，每一代人都要走好自己的长征路。今天，

① 习近平．在庆祝中国共产党成立95周年大会上的讲话．人民日报，2016-07-02.

我们这一代人的长征，就是要实现‘两个一百年’奋斗目标、实现中华民族伟大复兴的中国梦”[①]。面向未来，道路依旧关山万里，可以想见的是仍有至少“三座大山”需要翻越，即全面建成小康社会、基本实现社会主义现代化、实现中华民族伟大复兴的中国梦。雄关漫道真如铁，而今迈步从头越。在新的长征路上，组织动员力仍然是我们党继续跨越新的“雪山”“草地”，征服更为险要的“娄山关”“腊子口”的不竭动力源泉，仍然是我们党相较之其他政党的显著优势，必须始终保持、不断增强，必须再组织动员起来，争取更大的胜利。

一是通过全面从严治党实现再组织。全面从严治党体现了“世界第一大党”的中国共产党努力建设“世界上最强大的政党”的勃勃雄心。全面从严治党是党的制度建设的伟大变革，是党面对继革命、建设、改革三个三十年之后的第四个三十年任务的自我革新。随着全面从严治党向纵深发展和向基层延伸，中国共产党将经过再组织化，将软弱涣散的组织重新组织起来，将不科学的组织方式重新矫正过来，实现组织体系更加完备、组织结构更加精干、组织覆盖更加广泛、组织延伸更加深入、组织方式更加科学的目标。最终通过组织变革凝聚新的组织动员力，在新的历史起点上再出发，争取更大的成就。

二是通过加强纪律建设实现再组织。党的十九大报告把“纪律建设”列入新时代党的“六大建设”之中。纪律是党的生命，中国共产党依靠铁的纪律一路走来，也必须依靠严明的纪律继续走向未来。通过加强纪律建设，加强监督、执纪和问责，形成“四种形态”，让党内政治生活严肃起来、规范起来、科学起来、活泼起来，党才更加有生命力和战斗力，

① 习近平．纪念红军长征胜利 80 周年大会在京隆重举行．人民日报，2016-10-22.

才能在内有“四个意识”行动一致，在外有先锋意识一致行动。如此，才能对内有凝聚力，对外有感召力，进而融汇成强大的组织动员力。

三是通过功能建设实现再组织。功能是政党生存和发展的价值体现，动员力是组织的重要功能，也是组织重要的存在价值。从党的历史来看，功能建构是党建国家的历史起点，也是党组织建设的重要历史资源和经验资产，必须在新的历史条件下继承和发展。党建围绕中心、服务大局，面对党的事业发展的新形势、新任务，动员力这样的组织功能将面临诸多新挑战。显然，未来党的事业发展需要更多而不是更少，需要更强而不是更弱的组织动员力，如何供给更多、更大、更强的组织动员力，需要进一步进行组织动员力功能建设，需要着重构建新的意识形态动员功能、政治动员功能、经济动员功能、社会动员功能、文化动员功能等，通过不断功能增量，实现组织建设升级。

四是通过基层组织建设实现再组织。基础不牢，地动山摇。党的基层组织是党在社会基层组织中的战斗堡垒，是党的全部工作和战斗力的基础。党的十九大报告强调，基层组织建设“要以提升组织力为重点”。基层蕴含着组织动员的深厚伟力，因此提高组织动员力必须加强基层组织建设。习近平曾指出：“我们共产党可以说是全世界最重视基层的党。当年，毛泽东同志领导秋收起义，在三湾进行部队改编时，首创‘支部建在连上’。从那时起，我们党不仅确立了党指挥枪的重要原则，也确立了基层组织建设的组织制度。”[①] 中国共产党组织庞大，党员众多，基层基础建设尤为重要。党的工作最坚实的力量支撑在基层，最突出的矛盾问题也在基层，必须把抓基层、打基础作为长远之计和固本之举，努

① 习近平．之江新语．杭州：浙江人民出版社，2007：111.

力使每个基层党组织都成为坚强战斗堡垒。对中国共产党这座宏伟大厦、这棵参天大树、这一超级巨人来说，基层党组织和党员干部就是基石，就是根须，就是细胞。只有基石稳固、根须繁茂、细胞健康，党才能更加坚强有力。这些都是建设世界上最强大的政党的主要硬件。因此，必须加强党的基层组织建设，落实主体责任，发挥好基层党组织的政治功能和服务功能，使广大的基层党组织真正成为服务人民的坚强阵地。要加强组织间横向联系，打破条块之间、体制内外的诸多壁垒，通过条块结合、资源共享、优势互补、共驻共建形式，推动属地、单位、行业、商务楼宇、各类园区、商圈市场、互联网行业多党建主体互动，努力构建以市场化为党建资源共享逻辑、以多元化为共治主体形态、以模块化为标准接口、以网络化为组织架构、以法治化为基本保障的党建再组织体系。要处理好党员规模和质量的关系，把党员质量放在突出位置，推动党员充分发挥先锋模范作用。要按照“好干部”标准，克服“四唯”倾向，防止“逆淘汰”，推动形成能者上、庸者下、劣者汰的用人导向，进一步形成风清气正、英才辈出、人才济济的良好局面。

当今世界，绝大多数国家由政党来执政，实行政党政治。国家间竞争很大程度上比拼的是各国执政党的组织动员力。在竞争中，再高明的战略战术，如果没有强大的组织动员力做保障，也必然在竞争中失败。中国共产党成立 97 年来，中国由小到大，由弱到强，组织动员力始终是中国共产党的核心竞争力，因此，不断增强中国共产党的组织动员力，建设“世界上最强大的政党”是中国共产党的崇高使命，也是实现“两个一百年”奋斗目标和中华民族伟大复兴中国梦的必由之路。

第七章

最强大的政党要有强大的自我革新力

在党的十九大报告中，习近平总书记曾两次提及我们党的“自我革命”理论的重要论述。这充分凸显了我们党从严管党治党的鲜明品质，始终保持党的先进性与纯洁性，努力把我们党建设成为走在时代前列、朝气蓬勃的马克思主义政党。

在庆祝中国共产党成立95周年大会上，习近平总书记两次提及我们党的“自我革命”理论的重要论述。一次是在阐释全面深化改革时强调，“要以勇于自我革命的气魄、坚忍不拔的毅力推进改革”，这主要是针对受束缚的思想观念、固化的利益格局问题；另一次是在谈及保持党的先进性和纯洁性时强调，“全党要以自我革命的政治勇气，着力解决党自身存在的突出问题”，这主要是针对党的建设中存在的管党不力、治党不严问题。我们党必须不断增强自我净化、自我完善、自我革新、自我提高能力，经受“四大考验”，克服“四种危险”，确保党始终成为中国特色社会主义事业的坚强领导核心。

紧接着在2016年9月28日纪念刘华清同志诞辰100周年的座谈会上，习近平总书记再次强调，“我们一定要以勇于自我革命的气魄、坚忍不拔的毅力推进改革”。在2016年10月11日中央全面深化改革领导小组第二十八次会议上，习近平总书记进一步发表了“以自我革命精神推进改革”为主题的重要讲话，强调“以自我革命的精神推进改革，坚决端正思想认识，坚持从改革大局出发，坚定抓好改革落实”。在2016年10月27日中国共产党第十八届中央委员会第六次全体会议通过的《关于新形势下党内政治生活的若干准则》明确要求，“全党必须毫不动摇坚持改革开放，发挥群众首创精神，勇于自我革命，勇于推进理论创新、实践创新、制度创新、文化创新以及其他各方面创新”。特别是在2016年12月26日至27日中共中央政治局召开的民主生活会中，习近平总书记强调，“中央政治局要在开展批评和自我批评方面为全党作表率，做勇于自我革命的战士”。

值得高度重视的是，在2017年2月13日召开的省部级主要领导干部学习贯彻十八届六中全会精神专题研讨班上，习近平总书记第一次深入系统地阐释了我们党以人民利益为中心的自我革命精神，再次强调：“勇于自我革命，是我们党最鲜明的品格，也是我们党最大的优势。……要兴党强党，就必须以勇于自我革命精神打造和锤炼自己。”这是从全面从严治党的新形势新任务方面，进一步明确了中国共产党自我革命的理论逻辑与实践意义。

一、中国共产党的自我革新力具有深厚的理论基础

回顾波澜壮阔的97年光辉历程，中国共产党在团结带领中国人民不懈奋斗的进程中，战胜了一次次困难，迈过了一道道沟坎，渡过了

一个个难关。我们党之所以能在领导革命、建设、改革的历史征程中，不断应对挑战、抵御风险、克服阻力、解决矛盾，在很大程度上得益于我们党作为马克思主义政党与生俱来的巨大的“自我革命”的政治勇气。这亦是我们党较西方政党而言独具特色的“红色气质”与精神魅力。

（一）人民立场是中国共产党自我革新的价值引领

清末民初，面对中华民族空前深重的社会政治危机，为挽救处于水深火热中的中国人民，各种政党竞相迭起，不同主义粉墨登场，但都因各自持守的价值立场未能与人民利益相符而退出舞台。

立场表征着价值主体的原点与归宿。持守一定的价值立场，对一个政党而言实属根本，这关乎其存在价值与政治命运。五四运动后，马克思主义进入中国，中国共产党随之诞生。中国共产党自成立之日起就始终秉承人民立场，坚持一切为了人民，一切依靠人民。毛泽东曾在中央党校作报告时深刻揭示了党的人民立场，“从四万万五千万人民的利益出发。……讨论其他任何别的问题，就是这个出发点，或者叫做立场。还有什么别的出发点、别的立场没有？没有了。为了全党与全国人民的利益，这就是我们的出发点，就是我们的立场”[①]。我们党除了最广大人民群众的利益，没有自己特殊的利益。党在任何时候都把人民利益放在第一位，同群众同甘共苦，与群众保持最密切联系，坚持权为民所用、情为民所系、利为民所谋，不允许任何党员脱离群众，凌驾于群众之上。

① 毛泽东．毛泽东文集：第 3 卷．北京：人民出版社，1996：253.

党在工作中实行群众路线，坚持从群众中来，到群众中去。正如《中国共产党章程》总纲指出的，“我们党的最大政治优势是密切联系群众，党执政后的最大危险是脱离群众。党风问题、党同人民群众联系问题是关系党生死存亡的问题”。由此可见，群众路线是党的生命线，人民群众的利益是党开展一切工作的出发点与落脚点。我们党的一切路线、方针、政策，必须以此为准，与它对表，向它看齐，不能有丝毫偏离。**在 97 年的历史征程中，我们党之所以能够面对复杂多变的中国问题不断调适，实现“自我革命”，战胜各种风险、困难与挑战，人民立场是历史前提**。正如习近平总书记所言，“人民立场是中国共产党的根本政治立场，是马克思主义政党区别于其他政党的显著标志”①。我们党始终把人民放在最高位置，与人民风雨同舟，坚持全心全意为人民服务，顺应人民群众对美好生活的向往，始终不渝地带领人民创造幸福生活。

（二）批评和自我批评是中国共产党自我革新的基本方法

批评和自我批评，是中国共产党的优良传统与作风。毛泽东曾对批评与自我批评下过精辟定义，他说：“我们分析一个事物，首先加以分解，分成两个方面，找出哪些是正确的，哪些是不正确的，哪些是应该发扬的，哪些是应该丢掉的，这就是批评。对自己的工作、自己的历史加以分析，这是自我批评；对别人进行分析，就是批评别人。”② 我们党在原则问题上开展的自我批评，是进行思想斗争、解决矛盾、坚持真理、修正错误的基本方法，这是与其他政党有着本质差异的重要方面。

---

① 习近平 . 在庆祝中国共产党成立 95 周年纪念大会上的讲话 . 人民日报，2016-07-02.

② 毛泽东 . 毛泽东文集：第 3 卷，北京：人民出版社，1996：254.

毛泽东在《论联合政府》中概括了三大作风，其中之一就是自我批评，“有无认真的自我批评，也是我们和其他政党互相区别的显著的标志之一”[①]，“自我批评是马列主义政党的不可缺少的武器，是马列主义方法论中最革命的最有生气的组成部分”[②]。

回顾我们党 97 年光辉的历程，就是一部不断“自我革命”、不断实现自我超越的奋斗史，其中批评和自我批评的基本方法始终一以贯之。早在 1929 年，毛泽东在《古田会议决议》中就已指出，“党内批评是坚强党的组织、增加党的战斗力的武器”[③]。古田会议以矛盾冲突始，以统一团结终，是我们党采用批评和自我批评的方法，正确解决党内矛盾，实现自我革命的开创性范例。毛泽东在评价延安整风运动时指出，“我们自己来批评自己的主观主义、官僚主义和宗派主义，这会不会使我们的党丧失威信呢？我看不会。相反的，会增加党的威信”[④]。他还强调：“这种自我批评只有在我们的部队里才有，在国民党军队里这是不可能的。”[⑤]的确，国民党当时是害怕批评的，而我们党主动以批评和自我批评的方式来学习马克思主义，实现整风与自我革命，增加了党的威信。新中国成立后，我们党继续保持批评和自我批评这一优良作风。为检讨“大跃进”以来的经验教训，1962 年初召开了七千人大会。在这次会议上，就很好地进行了批评和自我批评。刘少奇指出，“各级党的委员会一个月之内要有一次党内生活会。委员会开会，进行批评和自我

① 毛泽东 . 毛泽东选集：第 3 卷，北京：人民出版社，1991：1096.
② 中共中央文献研究室 . 毛泽东著作专题摘编（下）. 北京：中央文献出版社，2003：2084.
③ 毛泽东 . 毛泽东选集：第 1 卷 . 北京：人民出版社，1991：90.
④ 毛泽东 . 毛泽东文集：第 7 卷 . 北京：人民出版社，1999：274.
⑤ 毛泽东 . 毛泽东文集：第 3 卷 . 北京：人民出版社，1996：210.

批评”，“一季有一次，一年四次也好，开党内生活会。这么一个建议，行不行？每一个委员会，省委也好，地委也好，县委也好，一季开一次会，搞批评和自我批评，过党的生活”[①]。邓小平说：“根据党章规定，人人要过支部生活。我想，我们是不是可以这样，就是把领导人的主要的小组生活，放到党委会去，或者放到书记处去，或者放到常委会去。在党委会里面，应该有那么一段时间交交心，真正造成一个好的批评和自我批评的空气。同等水平、共同工作的同志在一起交心，这个监督作用可能更好一些。”“谈谈心，相互批评批评，有意见就讲。我们要重视党委内部的互相监督作用这个问题。”[②]

总结党的历史，可以说在革命、建设、改革各个阶段，只要是取得胜利，我们党都很好地坚持了批评和自我批评的基本方法，坚持了真理，修正了错误，实现了自我革命。习近平总书记指出：“自我批评要一日三省，相互批评要随时随地，不要等小毛病发展成大问题再提。要让批评和自我批评成为党内生活的常态，成为每个党员、干部的必修课。”[③]开展良好的批评和自我批评，不断增强党自我净化、自我完善、自我革新、自我提高的能力是巩固党的团结统一、加强党内监督、保持党的肌体健康、使党充满生机的有力武器。

（三）民主集中制是中国共产党自我革新的制度支撑

民主集中制是指民主基础上的集中和集中指导下的民主相结合。

---

①② 邓小平．邓小平文选：第1卷．北京：人民出版社，1994：310.

③ 习近平．在第十八届中央纪律检查委员会第六次全体会议上的讲话．北京：人民出版社，2016：26–27.

《中国共产党章程》规定，民主集中制“既是党的根本组织原则，也是群众路线在党的生活中的运用”。《中华人民共和国宪法》也规定“中华人民共和国的国家机构实行民主集中制”。民主集中制是党的根本组织原则，是最重要的组织纪律，也是党能不断修正错误、实现自我革命的制度保障。

建党伊始，我们党就提出了民主集中制原则，但因缺乏实际经验，并没有得到较好的推行。直至 1928 年 7 月，党的六大通过的《中国共产党章程》提出民主集中制三条原则，这是集体决议的最早规定。在长期复杂的革命、建设和改革进程中，党始终不渝地坚持、丰富和发展民主集中制的理论和实践。对于民主集中制，我们不能按照西方政党关于“民主”与“集中”的表面含义来理解，而是要从马克思主义政党的高度来阐释其深刻内涵。正如毛泽东所言，“民主是一个方法，看用在谁人身上，看干什么事情。”[①] 他进一步强调，“要求抽象的自由、抽象的民主的人们认为民主是目的，而不承认民主是手段。民主这个东西，有时看来似乎是目的，实际上，只是一种手段。……民主自由都是相对的，不是绝对的，都是在历史上发生和发展的。在人民内部，民主是对集中而言，自由是对纪律而言。……这种民主和集中的统一，自由和纪律的统一，就是我们的民主集中制”[②]。

没有充分的人民民主与党内民主，就不能正确地总结经验教训，也不能收集正确的群众意见，更不能制定出正确的路线、方针、政策。与

---

① 中国人民解放军总政治部宣传部．马列著作毛泽东著作选读（哲学部分）．北京：中国人民解放军战士出版社，1978：441.

② 毛泽东．毛泽东文集：第 7 卷．北京：人民出版社，1996：208-209.

此同时，没有正确的党内集中，就不能实现党委的集体领导，履行少数服从多数原则，就会出现一言堂、家长制，从而变成一把手独断专行。毛泽东在七千人大会上就强调："如果没有充分的民主生活，没有真正实行民主集中制，就不可能实行批评和自我批评这种方法。"① 没有高度的民主，就不能有高度的集中，没有高度的集中，党就不能自我超越，实现自我革命。世界上没有抽象的自由、抽象的民主，只有具体的自由、具体的民主。自由是有领导的自由，民主只能是集中指导下的民主。习近平总书记指出，坚持民主集中制，是保证党的创造力、凝聚力、战斗力很重要的法宝。党的历史实践反复证明：只有民主集中制坚持得好，党的肌体才能充满活力，党的事业就会兴旺发达；而一旦其偏离航向，党的肌体就会遭受损害，党的事业就会遇到挫折。

（四）优秀传统文化是中国共产党自我革新的文化源泉

中国共产党"自我革命"的文化资源是多维的，其中继承了来自马克思主义辩证法的否定之否定规律，借鉴了古希腊以降"认识你自己"为代表的自我认知的理性传统以及中华优秀文化中的自省传统等。这里笔者主要论及后者。

1943 年 5 月，毛泽东在《关于共产国际执委主席团提议解散共产国际的决定》中指出，"中国共产党人是我们民族一切文化、思想、道德的最优秀传统的继承者，把这一切优秀传统看成和自己血肉相连的东西，而且将继续加以发扬光大。……要使得马克思列宁主义这一革命科学更进一步地和中国革命实践、中国历史、中国文化深相结合起来。这

① 毛泽东．毛泽东文集：第 8 卷．北京：人民出版社，1999：293.

一运动表现了中国共产党人在思想上的创造才能，一如他们在革命实践上的创造才能”[①]。明确以中央重大决定的形式指出了中国共产党是民族优秀传统文化的继承者，并称不断推进马克思主义中国化，体现了党在思想上的创造才能。我们党之所以能在革命、建设、改革的关键时期坚持真理、修正错误、敢于自我革命，就是因为作为马克思主义政党，在党的政治伦理中很好地继承并发扬了中华优秀文化中的自省传统。

自省是传统文化中非常重要的修养方法，指人能时刻对自我进行反省自查。中国文化中这套独特的修养方法，要求国人根据一套普遍的道义原则，经常反省自我的思想意识、言论行动等，审视其是非，辨察其善恶，开展自我批评，不断修正自身，提高道德修养与人生境界。自省传统在中国文化史上是一以贯之的，如在《论语》中就曾记载：“内省不疚，夫何忧何惧？”“君子求诸己，小人求诸人。”“见贤思齐焉，见不贤而内自省也。”这都体现了孔子的自省思想。曾子的“吾日三省吾身”更是耳熟能详的自省方法。《大学》记载的汤之《盘铭》曰：“苟日新，日日新，又日新。”《诗》云：“周虽旧邦，其命维新。”这些都在时刻提醒人们自我反省与自我革命。《孟子》亦曰：“行有不得者，皆反求诸己，其身正而天下归之。”到了宋明后，自省思想得到了进一步发展。如王阳明在《传习录》中曾言：“要人晓得一念发动处，便即是行了。发动处有不善，就将这不善的念克倒了，须要彻根彻底，不使一念不善潜伏在胸中，此是我立言宗旨。”要求时刻以是非善恶来警醒自我。中国文化中的自省传统源远流长，影响深远。我们党是优秀传统文化的真正继承者与发扬者，不仅把中华民族深远悠久的自省传统作为党的政党

① 中央档案馆．中共中央文件选集：第 14 册．北京：中共中央党校出版社，1992：41.

伦理的重要组成部分，而且把其自省标准实现了从个人修养的道义原则到整个政党的全心全意为人民服务宗旨的转移。

二、中国共产党的自我革新力具有明确的现实指向

习近平总书记在省部级主要领导干部学习贯彻十八届六中全会精神专题研讨班上发表的重要讲话中强调，“要兴党强党，就必须以勇于自我革命精神打造和锤炼自己”。共产党人必须发扬彻底的自我革命精神，深刻认识到自身存在的问题，时刻修正、完善、提升自我，始终跟上时代潮流、实践条件与人民要求。要努力建设世界上最强大的政党，就必须拿出自我革命的勇气，努力在坚持真理、修正错误、守正出新、革故鼎新的过程中实现自身的历史性飞跃，不断给党和人民事业注入蓬勃的生机活力。

（一）持续承继一以贯之的革命理想

《中华人民共和国宪法》开篇的序言强调：“中国是世界上历史最悠久的国家之一。中国各族人民共同创造了光辉灿烂的文化，具有光荣的革命传统。”中华民族在数千年的历史进程中一直是一个伟大、勤劳、勇敢的民族，创造了光辉灿烂的中华文明，为人类发展做出了卓越贡献。直至近代，在列强坚船利炮的肆意欺凌下，我们才意识到自己落伍了。

五四运动后，在马克思主义中国化的进程中，来自五湖四海的具有高度革命觉悟的先锋分子，为了一个共同的革命目标创建了中国共产

党。这个共同的革命目标，即“完全是为着解放人民的，是彻底地为人民的利益工作”。正如毛泽东所言：“我们共产党人从来不隐瞒自己的政治主张。我们的将来纲领或最高纲领，是要将中国推进到社会主义社会和共产主义社会去的，这是确定的和毫无疑义的。我们的党的名称和我们的马克思主义的宇宙观，明确地指明了这个将来的、无限光明的、无限美妙的最高理想。”①我们共产党人在坚持革命理想方面，始终都异常清楚、异常确定和毫不含糊。而革命理想的具体贯彻落实始终坚持全心全意为人民服务，保持党同人民群众密切的血肉联系，一切从人民的利益出发。因此，自建党之日起，我们党始终能保持巨大的自我革命的精神与勇气，原因就在于我们的党不是谋私利的小利益团体，而是始终以人民的根本利益为出发点。每一个共产党人都相信，党所进行的革命完全合乎正义，都随时准备牺牲一切去成就正义光明的伟大事业。正如毛泽东所言：“共产党人必须随时准备坚持真理，因为任何真理都是符合于人民利益的；共产党人必须随时准备修正错误，因为任何错误都是不符合于人民利益的。”②

由此可知，我们党拥有的自我革命的精神与巨大勇气，来源于对革命理想信念初衷的坚守，来源于对人民大众的根本利益的捍卫，来源于对正义光明的伟大事业的信念。承继了这一初心，鼓起了这一勇气，坚持了这一精神，就必须“撸起袖子加油干”。习近平总书记强调：“理想信念动摇是最危险的动摇，理想信念滑坡是最危险的滑坡。一个政党的衰落，往往从理想信念的丧失或缺失开始。我们党是否坚强有力，既要

① 毛泽东 . 毛泽东选集：第 3 卷 . 北京：人民出版社，1991：1059.

② 同①1095.

看全党在理想信念上是否坚定不移，更要看每一位党员在理想信念上是否坚定不移。”[①] 人民对美好生活的向往，就是我们的奋斗目标。这目标看似轻描淡写，实则要求很高。共产党人必须时刻以此为标准，团结带领广大人民，不断解放和发展社会生产力，努力解决民生疾苦，坚定不移走共同富裕的发展道路。

（二）不断革除自身存在的弊病痼疾

在波澜壮阔的历史征程中，中国共产党紧紧依靠人民，实现了中华民族的百年夙愿，已然屹立于世界民族之林。中国共产党作为一个马克思主义政党，建党已有 97 年，执政将近 70 年，这在世界共产主义运动史上并不多见。它成就巨大、影响显著，但存在的问题也很突出。一个长期执政的政党，伴随党内外环境的巨大变化，如不能及时进行有效的自我调整，最终可能会僵化甚至变质。苏共的殷鉴不远，值得深刻反思。

我们党历来高度重视自身建设，特别是根据时代变化，与时俱进地解决党自身存在的突出问题。毛泽东在党的七千人大会上曾言：“处在这样一个时代，我们必须准备进行同过去时代的斗争形式有着许多不同特点的伟大的斗争。”[②] 面对世情国情党情，特别是执政后党的队伍结构不断发生的深刻变化，我们党面临的风险与挑战更加复杂，“四大考验”“四种危险”的形势异常严峻。习近平总书记曾讲过一段意味深长的话，“党的十八大报告有一句话，我主持起草工作时就主张要写上去，就是‘发展中国特色社会主义是一项长期的艰巨的历史任务，必须准备

① 习近平：理想信念动摇是最危险的动摇 . 人民网，2017–06–07.

② 毛泽东 . 毛泽东文集：第 8 卷 . 北京：人民出版社，1999：302.

进行具有许多新的历史特点的伟大斗争’。这句话涵义是很深的”[①]。我们党从不讳疾忌医，它之所以伟大，不在于不犯错误，而是敢于直面问题，勇于自我革命。

我们党始终坚持问题导向，对党自身存在的问题从不回避遮掩。历史实践证明，作为一个拥有 8 944.7 万名党员的大党，我们组织的堡垒十分坚固，任何外力都不能攻破。只有党自身存在的问题长期不解决，才有可能溃堤。正如邓小平所言：“我们党经历过多次错误，但是我们每一次都依靠党而不是离开党纠正了自己的错误。”[②] 正如人的身体生了小脓包，怕捅了破相，影响形象，一直遮遮掩掩，终成大患。一个政党亦会如此，千里之堤溃于蚁穴。如果及早直面问题，不但不会影响党的自身形象，人民还易于接受，党自身的肌体也因未伤筋动骨恢复较快。我们党坚持自我革命精神，关键就是要面向时代，直面问题，勇于自我监督，谨小慎微，防微杜渐，才能永葆党的先进性和纯洁性。

（三）努力创新完善自我的有效措施

一个政党，要避免在承平日久的情况下僵化停滞，就必须与时俱进、不断自我革命，这是历史规律。新形势下如何立足于改革开放的当代实践，为我们党提供坚强有力的自我革新措施，这既是一个需要持续探索的理论命题，也是全面从严治党时代加强党建的迫切任务。

首先，不断提升马克思主义的理论修养。列宁指出：“没有革命的

① 岳雪侠．全面从严治党思想的新发展．人民网，2015-01-06.

② 邓小平．邓小平文选：第 2 卷．北京：人民出版社，1994：170.

理论，就不会有革命的运动。”[①] 而马克思主义就是科学的真理，它运用历史唯物主义揭示了人类社会发展的规律，是共产党人最根本的思想指导，是我们坚持真理、修正错误的理论武器。正如毛泽东所说：“真理是在同谬误作斗争中间发展起来的。马克思主义就是这样发展起来的。”“马克思主义是科学真理，不怕批评，它是批评不倒的。”[②] 苏东剧变后，面对疑虑，邓小平就鲜明指出：“马克思主义是打不倒的。打不倒，并不是因为大本子多，而是因为马克思主义的真理颠扑不破。”“世界上赞成马克思主义的人会多起来的，因为马克思主义是科学。”[③] 因此，任何时候、任何情况下，共产党人对马克思主义都不能丝毫动摇，必须有诚心诚意的学习态度，坚持读原著、学原文、悟原理，做到真学、真懂、真信、真用。以科学的理论来指导共产党人不断克服缺点，改正错误，攻坚克难，真正做到《国际歌》所言的“为真理而斗争”。

其次，进一步加强调查研究的力度。毛泽东十分注重调查研究，强调没有调查，就没有发言权。在阅读《共产党宣言》等马克思主义经典后，他虽懂得了一些理论，但随即指出：“这些书上，并没有中国的湖南、湖北，也没有中国的蒋介石和陈独秀。我只取了它四个字：‘阶级斗争’，老老实实地来开始研究实际的阶级斗争。”[④] 数千年的历史传承、文化传统决定了我们是一个广土众民的国度。因此，必须要注重调查研究，才能从复杂的国情中管窥治国理政的深层次矛盾与问题，并依此及

① 列宁．列宁选集：第1卷．北京：人民出版社，1972：241.
② 毛泽东．毛泽东文集：第7卷．北京：人民出版社，1999：280.
③ 邓小平．邓小平文选：第3卷．北京：人民出版社，1993：382.
④ 毛泽东．毛泽东文集：第2卷．北京：人民出版社，1993：379.

时巩固和调整我们党的路线、方针、政策。

再次，抓住领导干部这个“关键少数”。己不正，焉能正人。中国文化素有上行下效传统，“君子之德风，小人之德草。草上之风，必偃”。《党章》中两个先锋队的论述与儒家的君子德行一脉相承。共产党员是先锋，而作为领导干部则是先锋中的先锋。在我们党带领人民进行具有许多新的历史特点的伟大斗争中，不会一帆风顺，将面临许多风险，经受重大考验。因此，领导干部必须率先垂范、以身作则，做党内自我革命精神的榜样。在推进“两学一做”学习教育常态化、制度化过程中，时刻以党章党规省察自身言行，慎独慎微，加强党性修养，始终铭记共产党人的政治信仰。

最后，不断完善党内自我监督的法规制度。党的十八大以来，以习近平同志为核心的党中央坚定不移地推进全面从严治党，坚持思想建党和制度治党紧密结合，净化了党内政治生态，严肃了党内政治生活，赢得了党心民心，为社会主义建设提供了重要支撑。党的十八届六中全会审议通过了《关于新形势下党内政治生活的若干准则》和《中国共产党党内监督条例》，坚持党要管党必须从党内政治生活管起，坚持从严治党必须从党内政治生活严起。标本兼治，内外兼修。可以说，推进全面从严治党，完善“抓常、抓细、抓长”自我监督的制度建设，这又是一场共产党人自觉开展的旷日持久的自我革命，以勇于自我革命的精神打造和锤炼自己。

三、中国共产党的自我革新力是区别于其他政党的鲜明特征

在世界现有的许多政党中，主张革命的有之，主张批评的也有之，甚至其主张可能比中国共产党更多、更激烈。在西方议会选举条件下存在的多党制，其政党间相互不断批评是常态，通过选举“互革对方之命”亦为题中应有之义。但像中国共产党这样自我批评、坚持真理、修正错误、不断超越自我，实现“自我革命”的马克思主义政党，在世界政党发展史上虽不能说绝无仅有，却为当世所罕见。

2008 年国际金融危机后，世界经济陷入深度危机，西方各国的制度性弊端日益凸显。而这种危机的产生与资本主义发展本身的内在矛盾有关系，但与西方政党本身的属性也不无关系。正如美国诺贝尔经济学奖得主、经济学家罗伯特·恩格尔所言，“中国在为下一代制定五年规划之时，美国只在为下一届选举规划”①。西方的政党基本上都是选举党，都是为了短期能上台执政而图谋，很少能为国家的长远前途而考虑。正因如此，政党自身基本不会反思自身的问题，相反他们为了赢得选举、上台执政，基本是枪口一致对外。美国《福布斯》杂志曾撰文反思西方的政党制度，“我们目前的体制不能实施类似五年规划的方案，因为我们无法让政客承担责任”②。美国资深投资家、21 世纪理事会创始人尼古拉斯·伯格鲁恩则进一步深刻指出了这种短期选举利益型政党盛行的严重后果：“为了迎合及时行乐的文化风气，政治只为赢得下一场选举，而不是下一代人。政党间针锋相对的背后是顽固的意识形态，相互

①② 叶书宏．大道之行　天下为公——中国共产党长期执政的世界解读．新华网，2017-08-10.

争夺少数能决定选举结果的极端分子的拥戴。这样的选举令旁观者回避、中间派不齿。短期的民粹主义情绪被特殊利益集团操纵，而最高法院称这种情绪为‘言论自由’。”[①] 西方的选举型政党不仅不能进行自我革新、自我批评，而且执政党与在野党之间形成的是一种否决政治。在这种体制下，西方国家不可能一心一意“为人民服务”，只会陷入了无尽的政党争斗中。不论各政党的提案是否为了国家和人民的长远利益，必然导致相互否决，国家政治很难集中力量办大事，以至于在面对中国共产党因不断的自我革新而领导中国人民取得辉煌成就时，阿根廷学者古斯塔沃·吉拉多十分钦佩地谈道，“中国共产党具有极强的自我净化和纠正能力，一旦发现制度漏洞或组织问题就会采取措施及时纠正，习近平深入开展的强力反腐斗争就是中国共产党勇于自我净化的很好例证”[②]。

中国共产党之所以能够在革命、建设与改革的各个重大历史转折时期突破艰难险阻，实现“自我革命”，其原因就在于它有人民立场的价值引领、批评和自我批评的基本方法、民主集中制的制度支撑、优秀传统文化的文化源泉。这可以说是中国共产党与生俱来的红色气质，是与世界上其他任何政党相比都独具特色的政治优势，是值得珍视的宝贵精神财富。

正如习近平总书记在庆祝中国共产党成立 95 周年大会上所言：“我们要建设的是中国特色社会主义，而不是其他什么主义。历史没有终

---

① 伯格鲁恩，加德尔斯．智慧治理：21 世纪东西方之间的中庸之道．上海：格致出版社、上海人民出版社，2013：135.

② 叶书宏．大道之行　天下为公——中国共产党长期执政的世界解读．新华网，2017-08-10.

结，也不可能被终结。中国特色社会主义是不是好，要看事实，要看中国人民的判断，而不是看那些戴着有色眼镜的人的主观臆断。中国共产党人和中国人民完全有信心为人类对更好社会制度的探索提供中国方案。”[①] 正是中国共产党这种与生俱来的、能够不断“自我革命”的红色气质，使我们党迈过了一个又一个沟坎，取得了一次又一次胜利，开辟了中国特色社会主义道路，形成了中国特色社会主义理论体系，确立了中国特色社会主义制度，使中国赶上了世界历史的时代潮流，实现了中国人民从站起来、富起来到强起来的伟大历史跨越。面对中国共产党带领中国人民开辟的这条中国道路，曾持“历史终结论”的美籍日裔学者福山亦不得不修正其观点，“政治的发展永远是进行时，每种制度都需要演变，没有一种是放之世界都正确的制度。因为世界变化很快，国内国际形势都如此。政治体制也需要演变”[②]。

回顾中国共产党走过的光辉历程，正是具有这种不断自我超越、不断“自我革命”的独特政党的红色气质与精神魅力，才使得我们党作为马克思主义政党，比世界上其他任何政党，在面对复杂多变的党内外国内外局势下，更能不断增强自我净化、自我完善、自我革新、自我提高能力，更能着力解决党、国家、民族甚至世界上存在的突出问题与矛盾。由此，为世界开辟了一条崭新的、具有普遍意义的中国道路，贡献了中国智慧，提供了中国方案。

---

① 习近平．在庆祝中国共产党成立 95 周年大会上的讲话．人民日报，2016-07-02.

② 福山．没有放之世界皆正确的政治制度．环球时报，2015-04-23.

下　篇

怎样建设最强大的政党

第八章

建设最强大的政党必须稳固强党之魂

理想信念是马克思主义政党的政治灵魂。如果没有对马克思主义的信仰，没有对社会主义和共产主义的信念，没有对优良社会政治理想的追求，中国共产党非但不可能成为世界上最强大的一个政党，而且精神上会“缺钙”，会得“软骨病”，以致党将不党，土崩瓦解。可以说，魂在党在，魂亡党亡，魂固党固，魂强党强。努力把中国共产党建设成世界上最强大的政党，一定要把思想建党作为中国共产党的固魂强魂之道，一定要坚持以思想建党稳固强党之魂。

一、准确把握思想建党的深刻内涵

思想建党是中国共产党党的建设的一条重要原则和基本规律。在中国共产党的语境中，“思想”一词指的是马克思主义的理论，社会主义、共产主义的理想信念，科学的世界观、人生观、价值观，正确的政治立场和政治观点，自觉的党性锻炼和自我改造，从组织上入党到真正从思想上入党等。所谓“思想建党”，也就是着重从思想上建设中国共产党，坚持用马克思主义的科学理论教育并武装全体党员，强调党员的党性修养，要求党员不仅在组织上入党，而且要在思想上入党，用无产阶级思想克服非无产阶级思想，牢牢树立全心全意为人民服务的思想等。

（一）思想建党的根本要义和科学内涵

毛泽东同志曾在延安文艺座谈会上提出经典论断：共产党员不仅要在组织上入党，而且要在思想上入党。因为“有许多党员，在组织上入了党，思想上并没有完全入党，甚至完全没有入党”，而我们的党“为要领导革命运动更好地发展，更快地完成，就必须从思想上组织上认真地整顿一番。而为要从组织上整顿，首先需要在思想上整顿，需要展开一个无产阶级对非无产阶级的思想斗争”[①]。这就是“思想建党”的根本要义，其科学内涵有一个逐步丰富和发展的过程，就其主要方面而言，至少包括以下三点：第一，加强马克思主义理论教育，掌握马克思主义立场观点方法，不断将马克思主义中国化、时代化、大众化，用鲜活的、发展着的、中国化的马克思主义理论来指导革命、建设和改革。就当前来说，就是不断与时俱进地坚持“四个自信”，在新时代推进中国特色社会主义迈向新境界。第二，加强全心全意为人民服务的党性教育，坚持把毛泽东同志说的“全心全意地为人民服务，一刻也不脱离群众；一切从人民的利益出发，而不是从个人或小集团的利益出发”[②]作为共产党员先进性的根本要求。第三，加强理想道德教育，坚守共产党人精神追求。教育引导党员、干部弘扬党的优良传统和作风，抓好道德

① 毛泽东．毛泽东选集：第3卷．北京：人民出版社，1991：875.

② 同①1094–1095.

建设这个基础，做社会主义道德的示范者、诚信风尚的引领者、公平正义的维护者，以实际行动彰显共产党人的人格力量。

（二）思想建党是逻辑的必然和规律的反映

思想建党原则，是中国共产党建党学说的突出亮点、特点，也是精髓、灵魂，它的提出是必然的、完全合乎逻辑的。第一，这是由我们党的性质所决定的。中国共产党是中国工人阶级的先锋队，党的这种性质要求党必须坚持马克思主义，坚持不断发展，保持其先进性。党的先进性，首先体现在党的思想上的共产主义高尚性和纯洁性，不仅党的中央领导机关和各级党组织应当保持这种高尚性和纯洁性，还要使党员真正成为中国工人阶级的先进分子。能否达到这种要求，关键在于党能否高度重视并有效地进行思想建设。第二，这是由我们党的组织基础的特殊性所决定的。我们党是中国工人阶级的政党，但党是在工人阶级人数不多而农民、小资产阶级却极其庞大的情况下诞生的，党员中的绝大部分是由农民和其他小资产阶级构成的，由于农民阶级和其他资产阶级的局限性，必然会将一些落后的、错误的思想带进党内，即使是工人成分的党员，由于受社会环境的影响，也难免滋生一些错误的思想。这是无产阶级的、马克思主义的思想与各种非无产阶级的、非马克思主义的思想的矛盾，也成为党内最本质、最主要矛盾的深层原因，由此也决定了党的建设的基础问题是思想建设问题。用马克思主义的正确思想教育党员，纠正和克服各种非马克思主义的错误思想，切实解决许多党员“思想入党”的问题，成为党的建设的中心议题。第三，这是由思想建设在党的建设中的突出地位所决定的。党的思想建设是党的政治建设的基础，党的正确政治路线的贯彻执行，必须以广大党员的良好思想政治素质来保证；党的思想建设是党的组织建设的前提，有了思想上的统一才会有组织上的统一，使党的组织始终保持纯洁，纪律严明，具有强大的战斗力；党的思想建设是党的作风建设的关键，党的优良作风，只能以广大党员的共产主义世界观、历史唯物主义群众观和一往无前的革命精神为支撑；党的思想建设是党的制度建设的根基，只有从思想上深刻启发和不断提高党员的觉悟，党的一切规章制度才能得到自觉遵守和有效实施。总之，在党的全部建设中，思想建设居于基础性的地位。“基础”，不仅是指工作程序的基础性，而且主要是指在党的建设、党的事业中其作用和功能的基础性。

思想建党原则对于党的建设有着长久的指导意义，是党的建设的规律性反映。这主要表现在以下三点：第一，从全党来看，党的思想路线决定党的政治路线，党的精神风貌直接影响全社会、全民族的风尚，党在理论上的提高是党的领导的正确性和科学性的根本保证。第二，从党员个人角度讲，思想状况决定行为状况，一定行为的产生是在一定思想支配下的结果。党的性质决定了党的事业的胜利，更取决于每一个成员的自觉自愿态度及对组织的忠诚、信仰和奉献。因此，离开了党员的心理认同和党性修养，党的一切都无从谈起。第三，从思想建设与党的组织建设、作风建设的关系来看，思想建设也是最基础的。思想建设是组织建设、作风建设的基础，贯穿于、渗透于组织、作风建设的始终和各个方面。离开了思想建设的强有力保障，组织、作风建设既无法启动，也无以延续。

二、继续保持思想建党的独特优势

思想建党既是中国共产党的伟大创造，也是中国共产党永葆先进性、高尚性和纯洁性的法宝。中国共产党的先进性，是它具有长期执政的合法性的根据，若它不能永葆先进性，就会被人民抛弃，当然也就失去了长期执政的资格。思想建党既是中国共产党强党之魂，也是中国共产党长期执政之魂。

（一）思想建党是中国共产党的优良传统和独特优势

一部中国共产党的历史，就是一部思想建党史。中国共产党的思想建党原则创始于新民主主义革命时期。总的来说，这一时期中国共产党的思想建设搞得非常出色，不仅正式提出和确立了思想建党的原则，而且有独树一帜和产生重大影响的举措，这集中表现在以下两个事例上：一是 1929 年毛泽东同志为中国工农红军第四军第九次党代表大会写的《关于纠正党内的错误思想》决议，系统总结了 1927 年南昌起义以来红军中的共产党员同各种错误思想做斗争的丰富经验，使红军肃清了旧式军队的影响，完全建立在马克思主义的基础上，成为真正的人民军队。着重从思想上建党的原则，就是发端于这个决议。决议的基本精神既适用于军队中党的建设，也适用于整个党的建设。二是 1942 年春开始的延安整风运动，进一步从思想问题上总结了过去党内在革命的基本理论、战略策略方面的分歧，针对广泛存在于党内的主观主义倾向、宗派主义倾向及其表现形式党八股，按照马克思主义思想原则整顿党的作风。这个运动很快在党内党外引起了怎样以从实际出发的观点而不是以教条主义的观点对待马克思主义基本原理，怎样使马克思主义基本原理同中国革命实际相结合，即怎样解决思想路线问题以及怎样对待过去党内一些重大历史问题的大讨论，使广大党员、干部在思想上提高了一大步。在这个基础上，1945 年 4 月，党的六届七中全会通过了《关于若干历史问题的决议》，为中共七大胜利召开做了充分的思想理论准备。延安整风运动是实行思想建党的典范，是中国共产党历史上极其重要的一页，也是国际共产主义运动中的一个创举。

思想建党原则的主要创立者是毛泽东。他早在 1929 年《关于纠正党内的错误思想》中，就从党所处的社会历史条件出发，认定党内的主要矛盾是无产阶级思想与非无产阶级思想、马克思主义思想与非马克思主义思想的矛盾，即正确思想与错误思想的矛盾。思想建党的根本任务，就是用无产阶级的、马克思主义的正确思想，克服各种非无产阶级、非马克思主义的错误思想，从而坚持和发展党的先进性。1941 年，他在《〈农村调查〉的序言和跋》中阐述党的政策时说，既要保护社会经济中有益的资本主义成分并使其有一个适当的发展，又要“严肃地坚决地保持共产党员的共产主义的纯洁性”，警惕“在党员中发生资本主义的思想”[①]。1942 年，他在延安文艺座谈会上的讲话，针对党内的思想不纯现象，鲜明地提出“思想入党”的命题。1945 年，他在党的七大上根据绝大多数党员都是新党员，“在他们之中存在着各种不纯正的思想”的实际状况，号召“更大地展开党内的思想教育”，做出“掌握思想教育，是团结全党进行伟大政治斗争的中心环节”[②]的著名论断。

① 毛泽东 . 毛泽东选集：第 3 卷 . 北京：人民出版社，1991：793.

② 同①1094.

1949 年，他在新中国成立前夕的党的七届二中全会上，又及时地提醒全党，在革命胜利后要警惕资产阶级糖衣炮弹的攻击，要求“务必使同志们继续地保持谦虚、谨慎、不骄、不躁的作风，务必使同志们继续地保持艰苦奋斗的作风”①，即“两个务必”。

改革开放以来，总的来说，党对思想建设的高度重视以及采取的正确方针和措施取得了不少实效，这是主流。回顾历史，早在改革开放伊始，邓小平同志就极为关注新时期如何加强党的思想建设的问题。他针对“两个凡是”，提出要完整准确地理解毛泽东思想，用毛泽东思想的体系来指导我们的各项工作；针对拨乱反正中冒出来的右倾思潮，郑重宣布必须在思想政治上坚持四项基本原则，旗帜鲜明地反对资产阶级自由化；针对党内存在对错误倾向不敢批评的现象，要求坚决克服涣散软弱状态，强调批评的武器一定不能丢；针对有人居然批判“大公无私”等庄严革命口号，深刻论述了在新的历史条件下共产党员应有的共产主义思想道德风貌；针对“文化大革命”给党造成的破坏，提出为了坚持党的领导，必须努力改善党的领导，其中最主要的就是加强思想政治工作。这就为我们党在拨乱反正中坚决肃清“左”的流毒，防止右倾思潮的干扰，正确开展两条战线思想斗争，提供了理论武器。

（二）思想建党永远在路上

要实事求是地承认，从客观上说，改革开放时期党面临的相关国内外复杂形势的考验极其严峻，特别是国际共产主义运动遭受严重挫折，国内发展市场经济大潮对党的队伍建设形成巨大冲击。从主观上说，党

① 毛泽东．毛泽东选集：第 4 卷．北京：人民出版社，1991：1438–1439.

的思想政治领导在一个长时间内存在涣散软弱状态。这些都对党的思想建设提出了许多需要深刻反省的问题。所以在1989年政治风波过后，邓小平尖锐地指出：“要聚精会神地抓党的建设，这个党该抓了，不抓不行了。”[①]党的十四大以来，历届党中央认真吸取经验教训，大力抓党的建设特别是思想建设，使广大党员的思想政治面貌有了很大进步和改观，但同时许多党组织“一手硬、一手软”，放松思想建设的状况并未得到根本改变，党的队伍中依然存在一些思想不纯、作风不正、纪律不严的党员，腐败等现象屡禁不止，党的先进性仍面临严峻挑战。

长期以来，有一种看法认为，思想建党是革命战争年代中国共产党在农村处于广大农民和小资产阶级包围的汪洋大海之中，为解决如何建设成为马克思主义先进政党而采取的举措。现在中国共产党已经成为马克思主义先进政党，思想建党的使命已完成，因而它已成为历史，不再是党建的现实任务。还有一种看法认为，世界已进入政党政治时代，执政党治国理政有共同的普遍规律，中国共产党何必固守革命战争年代的“陈旧”思维？可以说，诸如此类的思想建党“过时论”，已成为一种具有很大市场的隐性思想倾向，成为深入持久地进行思想建党的一个主要障碍。

思想建党是否已成为历史，而不适应现时代需要了呢？答案是否定的。习近平同志在党的群众路线教育实践活动总结大会上的讲话和党的第十八届中央纪律检查委员会第六次全会上的讲话中都明确指出，党风廉政建设和反腐败斗争永远在路上，永远没有休止符，必须抓常、抓细、抓长，持续努力、久久为功。这实际上讲的就是，思想建党永远在

① 邓小平．邓小平文选：第3卷．北京：人民出版社，1993：314.

路上，只有进行时，没有完成时。我们要继续保持思想建党的传统优势，其原因有以下几点：

第一，这与思想建党所要解决的根本任务密切相关。思想建党所要解决的根本任务，说到底就是解决世界观、人生观、价值观这个“总开关”问题。中国共产党不是存在于真空里，而是存在于现实社会的各种复杂关系之中。无论是积极的社会关系还是消极的社会关系，都会反映到党内来，影响共产党员的世界观、人生观、价值观，影响党员干部包括高级领导干部的公私观、是非观、义利观、权力观、事业观等。思想建党就是要倡导和树立正确的世界观、人生观、价值观，消除各种消极错误的思想观念、行为及其负面影响。

第二，这与改革开放根本方针的长期性密切相关。改革开放是党的十一届三中全会以来新时期最鲜明的特点，是坚持和发展中国特色社会主义、实现中华民族伟大复兴的必由之路，也是持续不断地发展中国、发展社会主义、发展马克思主义的根本之道。改革开放是长期性的方针，在前进道路上遇到的各种问题，都必须通过深化改革来不断破除一切阻碍科学发展的思想观念和体制机制等弊端。但是，改革开放同任何事物一样，也具有两面性。它在使中国快速发展的同时，也会带来一些消极负面的东西。邓小平同志指出：“开放、搞活，必然带来一些不好的东西，不对付它，就会走到邪路上去。所以，开放、搞活政策延续多久，端正党风的工作就得干多久，纠正不正之风、打击犯罪活动就得干多久，这是一项长期的工作，要贯穿在整个改革过程之中，这样才能保证我们开放、搞活政策的正确执行。”[①] 针对一部分干部日渐猖獗的经济

① 邓小平．邓小平文选：第 3 卷．北京：人民出版社，1993：164.

犯罪活动和消极腐败行为，他明确指出："我们的党和国家确实要发生会不会'改变面貌'的问题。这不是危言耸听。"因此，"这是一个长期的经常的斗争"，"至少是伴随到实现四个现代化那一天"[①]。由此可见，思想建党的任务是长期的。

第三，这与市场经济体制的"双刃剑"效应密切相关。市场经济是配置产业资源和生产要素的手段、方法。这种手段、方法的本质是追求利益的最大化。市场经济本身无所谓姓"资"姓"社"，它与资本主义制度相结合，就是资本主义市场经济，为资本主义追求最大限度的利润服务；它与社会主义制度相结合，就是社会主义市场经济，为社会主义事业的快速发展服务。我国之所以采取市场经济的体制和机制，就在于和过去的计划经济体制相比，它能更有效地解放生产力和更快地发展生产力。但是，市场经济的体制和机制是把"双刃剑"，也有"唯利是图"的消极作用。我们党之所以要在市场经济的前面冠以"社会主义"四个字，是为了坚持市场经济的社会主义方向和社会主义价值观念，发挥其为社会主义服务的积极作用，限制它危害社会主义和人民利益的消极作用。市场经济的体制和机制是把"双刃剑"，不可否认，一些不正当的商品交换原则也渗透到了党内。社会上各种各样的诱惑围绕着党员干部，在"温水煮青蛙"的过程中，一些人不知不觉就被"请君入瓮"。我们需要清醒地认识到，社会主义市场经济已经成为我国经济发展必须长期坚持的体制，为了抵制渗透到党内的不正当商品交换原则，我们党就必须长期坚持思想建党这个法宝。

第四，这与中国共产党的队伍会不断更新换代密切相关。中国共产

① 邓小平．邓小平文选：第2卷．北京：人民出版社，1994：403.

党是个已有近百年历史的政党，但是它的队伍会随着历史发展而不断更新。目前，党的各级领导干部主要是“50后”“60后”。就此而言，我们党又是充满青春活力的新党。中国共产党要长期执政，就要不断对加入进来的新成员进行思想建党。中国共产党又是一个拥有8 944.7万名党员的大党，今后还会继续发展壮大。社会上的消极负面的东西在党内产生的负面影响会破坏党的肌体，危害党的先进性。在这种情况下，中国共产党要永葆先进性，就必须使思想建党成为“铁打的营盘”的优良传统，这样才能管住“流水的兵”，因此，思想建党只有进行时，没有完成时。

三、以思想建党稳固强党之魂

党的十八大以来，以习近平同志为核心的党中央高度重视党的思想建设，多次就思想建党做出重要论述和明确要求，指出全面从严治党要抓住思想建党这个根本点，强调坚持思想建党和制度治党紧密结合。在中国特色社会主义进入新时代的历史条件下，必须以思想建党稳固强党之魂，把中国共产党建设成世界上最强大的政党，使中国共产党担当起实现社会主义现代化和中华民族伟大复兴的历史使命。

（一）补足精神之“钙”

在思想建设方面，习近平同志高度重视理想信念的重要作用，把坚定理想信念作为思想建党的核心。他明确指出：“坚定理想信念，坚守共产党人精神追求，始终是共产党人安身立命的根本。对马克思主义的信仰，对社会主义和共产主义的信念，是共产党人的政治灵魂，是共产党人经受住任何考验的精神支柱。”[①] 他还强调，“共产党员特别是党员领导干部要做共产主义远大理想和中国特色社会主义共同理想的坚定信仰者和忠实践行者”，“革命理想高于天”[②]。

之所以强调坚定理想信念的重要性，是源于对苏东剧变的历史反思，更重要的是为了解决我们党自身建设所面临的问题。理想信念动摇就会出现思想迷茫、方向迷失，甚至滑向错误轨道。一些党员、干部出这样那样的问题，根源就在于理想信念的动摇或缺失。理想信念是共产党人的精神之“钙”，没有理想信念，理想信念不坚定，精神上就会“缺钙”，就会得“软骨病”。从党性上讲，补足精神之“钙”，党员干部必须树立正确的世界观、人生观、价值观，牢记全心全意为人民服务的宗旨，始终把人民群众的根本利益作为最高的政治价值标准。只有坚定了理想信念，才能在人民群众中站稳脚跟，才能坚持正确的政治方向，在大是大非面前旗帜鲜明，在危险考验面前无所畏惧，在利益矛盾面前秉持坚定、正确的价值标准，永葆共产党人政治本色。

坚定的理想信念不会自发产生，补足精神之“钙”，必须加强党性教育，不断进行学习提升。理论创新每前进一步，理论武装就跟进一步，这是我们党加强思想建设的一条重要经验。要有科学的理论支撑，就要坚持党的思想路线，解放思想、实事求是，使实践创新和理论创新紧密联系。要练就“金刚不坏之身”，必须用科学理论武装头脑，不断培植我们的精神家园。要坚持不懈抓好思想理论武装，抓好党性教育，

① 习近平在十八届中共中央政治局第一次集体学习时的讲话 . 新华网，2012-11-19.

② 习近平 . 习近平谈治国理政 . 北京：外文出版社，2014：23.

广大党员特别是领导干部就要把系统掌握马克思主义世界观、方法论和中国特色社会主义理论体系作为看家本领，把学习领会习近平新时代中国特色社会主义思想作为首要政治任务，自觉用党的新理论武装头脑。

（二）加强道德建设

在党的思想建设中，道德建设是基础，作为基础的道德建设和作为核心的理想信念是辩证相关的。理想信念为道德建设及修养提供努力方向，并与道德建设中的世界观、人生观、价值观保持一致；反过来，有了充足的道德修养，就能使理想信念在心灵情感中扎根，卓越的道德修养为思想建设奠定情怀之基。也就是说，抓好思想建党的“总开关”，不仅要坚定理想信念，用科学的理论智慧武装头脑，坚持真理和正确的政治方向，还要搞好道德建设，用正确的人生观、价值观培育情怀、提升境界。

习近平同志指出：“衡量一名共产党员、一名领导干部是否具有共产主义远大理想，是有客观标准的，那就要看他能否坚持全心全意为人民服务的根本宗旨，能否吃苦在前、享受在后，能否勤奋工作、廉洁奉公，能否为理想而奋不顾身去拼搏、去奋斗、去献出自己的全部精力乃至生命。一切迷惘迟疑的观点，一切及时行乐的思想，一切贪图私利的行为，一切无所作为的作风，都是与此格格不入的。”[①]这“四个能否”就是明确以道德品行的现实表现作为衡量坚定理想信念的客观标准，具体而深刻地阐述了理想信念与道德修养的辩证关系。作为核心的理想信念和作为基础的道德建设是内在统一的，加强道德修养和坚定理想信念

① 习近平．习近平谈治国理政．北京：外文出版社，2014：23-24.

始终是共产党人安身立命的根本。

党员干部的道德建设是指，在党的理想信念指引下，通过道德教育和道德修养，为了自觉地从心灵情感上培养优良的品质、追求卓越的德行而进行的自我净化、自我教育、自我提升和自我完善的过程。道德建设不仅关系到党员干部的个人品行，而且关系到党的整体形象，关乎社会进步和国家安危。党员干部特别是领导干部要努力以道德的力量去赢得人心、赢得事业成就，必须把加强道德修养作为十分重要的人生必修课。加强思想建党内在地要求加强道德教育，引导党员干部通过自省自律来加强道德修养，使党员干部始终在道德上以高标准严格要求自己，自觉以党的理想信念作为努力的价值指针，涵养对于马克思主义世界观、人生观、价值观的深厚情怀，把正确的权力观、地位观、利益观植根于心灵，积极践行社会主义核心价值观，彰显卓越的道德人格力量，明大德、守公德、严私德，做一个具有高尚道德情操的人，从而把党建设成一支德才兼备的高素质的队伍。

（三）加强意识形态建设

意识形态是一个政党执政、一个国家生存发展的性质、宗旨、理论思想、行为方式在党和国家政治生活、经济社会文化等领域的外在体现和客观特征，是一定阶级利益在观念形态上的总体表现。作为一种观念形态的上层建筑建设，意识形态建设和思想建设具有统一的逻辑关系。

党和国家的意识形态问题既是一个旗帜鲜明的思想理论问题，也是一个关涉复杂现实利益的政治问题。正确的意识形态能够有效促进党的思想建设，积极反作用于中国特色社会主义建设，而错误的意识形态会破坏党的思想建设，对我国的现代化发展产生消极作用。随着我国市场经济改革的深化发展、社会转型的广泛扩展，当前我国的社会关系和利益格局发生着重大调整与分化，矛盾凸显，加剧了整合社会利益、促进国家治理的困难。相应地，我国国内思想文化意识领域也出现了重大变化，各种世俗的政治文化意识以大众文化的形式涌现出来，多元化的文化形态相当严重地冲击着主流意识形态的权威地位。因此，加强意识形态建设，从而化解各种社会思潮的负面冲击和干扰，增强政治警觉性和政治思想鉴别力，建立起适应中国特色社会主义事业及国家治理现代化目标要求的意识形态体系，成为党的一项极为重要的工作。另外，增强阵地意识、坚守思想防线、加强意识形态建设，也是赢得对外意识形态斗争胜利的关键。

意识形态建设是思想建党的关键，习近平同志的相关论述对于加强意识形态建设具有重要指导作用。一是意识形态工作要坚持用中国特色社会主义理论体系尤其是习近平新时代中国特色社会主义思想武装全党，教育人民，在关乎大是大非和政治原则问题上，必须增强主动性、掌握主动权、打好主动仗，帮助党员干部自觉划清是非界限，澄清模糊认识，提高政治思想鉴别能力。二是要提升马克思主义意识形态与我国现代化建设及国家治理的结合度，不断推进马克思主义中国化，推进意识形态创新，发挥其理论创新和价值引领作用，正确反映我国社会政治经济现实和人民群众的利益需要，促进国家治理，凝聚党心民心。三是要坚持党的新闻舆论工作的正确政治方向，提高宣传马克思主义理论和中国特色社会主义理论体系的有效性，为全面从严治党和治国理政营造良好意识形态环境。要更加重视对外宣传工作的创新，改进国际传播的方式，增强国际话语权；要讲好中国特色社会主义的故事，讲好中国梦的故事，讲好中华优秀文化的故事，讲好中国和平发展的故事，从而提升国家软实力。

（四）做政治上的“明白人”

习近平同志强调，“遵守政治纪律和政治规矩，必须维护党中央权威，在任何时候任何情况下都必须在思想上政治上行动上同党中央保持高度一致”[①]。纪律和规矩是对党的组织和党员的底线性规范和约束性要求，人无纪律和规矩则无为，党无纪律和规矩则无序。每一个共产党人，只有以纪律和规矩意识砥砺自身，才能激发正能量，涵养出风清气正的党内政治生态，才能做政治上的“明白人”。纪律和规矩意识主要包括党的政治意识、组织意识、责任意识。

政治意识是核心。政治意识是指政治主体所具有的政治认知、政治态度和政治信仰。党的执政理念，中国特色社会主义的道路自信、理论自信、制度自信、文化自信，马克思主义的意识形态等，都属于党的政治意识的范畴。对此，我们党的大多数同志是清楚的，但也确有少数同志在大是大非面前信念不坚定、旗帜不鲜明，政治态度暧昧、政治立场动摇，对于社会上存在着的一些错综复杂的社会现象，不能从政治的视角来观察思考问题，缺乏正确的是非观、权力观、事业观。而政治意识的淡化，也会使得党的章程、原则、制度、部署成为一纸空文，人民利益、国家利益、党的利益被切割得支离破碎。党的政治意识是构筑党内政治生态的思想资源，只有保持清晰的政治意识，严格遵守党的纪律，

① 深化改革巩固成果积极拓展　不断把反腐败斗争引向深入．人民日报，2015–01–14.

自觉遵循党的规矩，才能铸就政治上的“明白人”的灵魂。

组织意识是保证。组织意识主要包括对党的忠诚，遵守民主集中制的自觉性，在思想上、行动上有着与以习近平同志为核心的党中央保持一致的高度自觉。组织意识是党的执政之本、党员的立身之要，是党的向心力、凝聚力、战斗力的源泉。党的组织意识一旦出现松懈和破裂，歪风邪气就会涣散党心。习近平同志指出：“全党同志要强化组织意识，时刻想到自己是党的人，是组织的一员，时刻不忘自己应尽的义务和责任，相信组织、依靠组织、服从组织，自觉接受组织安排和纪律约束，自觉维护党的团结统一。”[①] 党的基层组织和每一个党员都要自觉地置身于党的组织之中，增强党的意识和政治担当，切实做到在党言党、在党为党、在党忧党，为党分忧、为党尽责，不搞团团伙伙、帮帮派派，做到讲纪律、守规矩，逐渐祛除人身依附、攀结关系的陈规陋习，净化政治生态，做一个心有纪律和规矩的“明白人”。

责任意识是约束。习近平同志提醒全党要深刻认识“四大考验”的长期性和复杂性，深刻认识党所面临的“四大危险”的尖锐性和严峻性。这不仅阐明了全面从严治党所面临的严峻现实，更体现了党一贯的强烈的忧患意识。忧患意识就是忧党、忧国、忧民意识，这既是一种责任，更是一种担当。实践表明，责任越大，纪律和规矩越是严明；纪律和规矩越是严明，责任意识要求就越高。对于党员干部来说，讲纪律、守规矩是对党、对人民、对家庭、对自己负责的态度，是责任和担当的政治境界。习近平同志指出：“在任何时候任何情况下，与人民同呼吸

① 中共中央文献研究室．十八大以来重要文献选编（上）．北京：中央文献出版社，2014：767.

共命运的立场不能变，全心全意为人民服务的宗旨不能忘，群众是真正英雄的历史唯物主义观点不能丢，始终坚持立党为公、执政为民。”[①] 一个政治上的“明白人”，总是把执政使命、人民利益、国家前途视为一种责任，把个人命运与党和国家兴衰、人民安危紧密结合在一起。

（五）完善标本兼治长效机制

习近平同志强调：“坚持思想建党和制度治党紧密结合。从严治党靠教育，也靠制度，二者一柔一刚，要同向发力、同时发力。”“思想教育要突出重点，加强党性和道德教育”，“思想教育要结合落实制度规定来进行，抓住主要矛盾，不搞空对空。要使加强制度治党的过程成为加强思想建党的过程，也要使加强思想建党的过程成为加强制度治党的过程”[②]。

坚持思想建党和制度建党紧密结合，完善标本兼治长效机制具有重大意义。这不仅是推进思想建党的内在要求，而且是完善国家治理体系的要求。在国家治理现代化视野下，完善党内法规制度是我国治理体系现代化的内在要求，具有鲜明而突出的实际意义。思想建党和制度治党是辩证相关的。二者紧密结合的基本含义是指，党的思想建设为制度治党提供理想信念和党性宗旨的根本性质、政治原则；党内法规制度建设又为党的思想建设提供坚强保障，把党的思想建设落在实处；二者纳入了全面从严治党和国家治理现代化的战略要求。

落实思想建党和制度治党紧密结合需要做到以下两方面的工作：首

① 习近平．习近平谈治国理政．北京：外文出版社，2014：367.

② 习近平在党的群众路线教育实践活动总结大会上的讲话．人民日报，2014–10–09.

先，要把中国特色社会主义的共同信念、全心全意为人民服务的宗旨和社会主义核心价值观融入党内法规制度之中，作为指导思想和政治原则决定制度的正确性质和方向。其次，要紧密结合思想建设健全完善党内法规制度，制定具有针对性、指导性并且务实管用的配套制度和规定，提高党内法规制度的整体保障能力。发挥制度的实际作用关键在于执行，做到用制度管权、管人、管事，切实发挥好制度的保障力量。只有思想建党和制度治党同向发力、同时发力，才能使广大党员不忘初心，永葆坚定的理想信念，肩负起应尽的责任担当。

第九章

建设最强大的政党必须广聚强党之源

党的十九大报告指出，人民是历史的创造者，是决定党和国家前途命运的根本力量。中国共产党始终认为，“民心是最大的政治”。无论过去、现在还是将来，密切联系群众都是我们党从胜利走向胜利的最大政治优势，而脱离人民群众是我们党执政面临的最大危险。习近平总书记指出：“我们党来自人民、植根人民、服务人民，党的根基在人民、血脉在人民、力量在人民。失去了人民拥护和支持，党的事业和工作就无从谈起。党要继续经受住执政考验、改革开放考验、市场经济考验、外部环境考验，就必须始终密切联系群众。”[①] 党要取得执政地位也好，党要巩固执政地位也好，最根本的一点，就是要赢得最广大人民群众的理解、支持和拥护[②]。如何持续长久地赢得民心，永远保持这个最大政治优势，这是中国共产党永久性的重大课题。

---

① 习近平在党的群众路线教育实践活动工作会议上的讲话．群众路线网，2013–06–18.

② 李君如．中国共产党执政规律新认识．杭州：浙江人民出版社，2003：218.

一、把握党群关系新特点新变化

党的十九大报告指出，中国特色社会主义进入新时代，我国社会主要矛盾已经转化为人民日益增长的美好生活需要和不平衡不充分的发展之间的矛盾。基于这个重大判断，把握党群关系新特点新变化，是赢得民心的基础性工作；科学有效地赢得民心，是建立在对党群关系新特点新变化的科学把握基础之上的。

（一）群众的新变化

随着改革开放和市场经济不断深入发展，广大群众由于经济地位、政治地位和社会地位以及价值观念等方面的不同，形成了若干不同层次的群体。不同社会群体从市场经济中得到的利益的差异、获取利益的途径与方式的差异以及地域经济发展的差异，使得利益发展在多种利益分配方式下呈现出利益结构复杂化、利益差距扩大化、利益冲突明显化的态势。不仅不同的阶层有不同的利益，而且各阶层身份认同感在逐步形成，不同阶层心理和情感隔阂在加剧。

社会结构的巨大变化，使人们的思想观念和价值体系受到了巨大的影响和冲击，形成多样化的价值取向并存的现实，这一方面有利于社会的进步和观念的更新，但另一方面也造成了社会价值的失范，给人们价值观的统合和社会的发展带来了负面影响。这些不仅意味着不同价值观念的冲突与碰撞，甚至会带来整个社会价值体系的混乱和行为的失范，引发各种社会矛盾。

（二）党自身的新变化

我们党从诞生到现在已经97个年头，历经革命、建设和改革。伴随着干部队伍的新老交替，涌现出一大批新走上岗位的年轻干部，他们一方面对党有着深厚的感情，朝气蓬勃、思想解放、干劲十足；另一方面，他们缺乏对马克思主义理论的系统学习，缺乏在严格的党内生活、艰苦环境和基层群众工作中的锻炼，对党密切联系群众的优良传统感受不深，缺乏深入细致的群众工作经验，对党的群众路线的理解和坚持存在一些误区。

（三）党群互动方式的新变化

一是党和人民群众之间的地位关系发生了变化。计划经济条件下，党群关系是表面上平等而事实上存在级差，特别是领导干部与普通群众之间存在较大的级差；市场经济条件下，人民群众变成相对独立和自主的市场主体，党和人民群众地位关系逐渐趋向平等。

二是党和人民群众之间的利益关系发生了变化。计划经济条件下是以平均主义和“大锅饭”为特征的利益关系，党和人民群众之间利益的一致性占主导地位；市场经济条件下，这种利益的一致性逐渐转变为在根本利益一致的基础上利益主体的分化和具体利益的多样化。

三是党群关系的核心和纽带发生了变化。战争年代和计划经济条件下，党和人民群众的关系是以政治目标和政治利益为核心、以政治关系和意识形态整合为纽带；改革开放和市场经济条件下，这种联系逐渐转变为以代表和实现人民群众利益为核心、以党对社会利益的整合为纽带。

四是党和人民群众之间的联系渠道发生了变化。计划经济条件下是以计划和命令为主的、封闭型的、具有刚性特点的行政型联系渠道；改革开放和市场经济条件下，逐渐转变为以市场和利益为导向的、开放型的、具有弹性特点的社会型联系渠道。

五是党和人民群众之间的作用机制发生了变化。计划经济条件下党群之间是带有“权威与服从”型特点的单向作用机制；市场经济条件下转变为“共生与互动”型双向作用机制。党群相互关系和作用方式的新变化对新时期党的群众路线的工作理念和工作服务方法提出了全新的、更高要求的挑战。

二、提升做好群众工作的素质和能力

现实生活中的许多事例，都反映出老百姓“挣钱发财不靠你，不偷不抢不怕你，有了事情就找你，出了问题要告你”的态度。从某种意义上讲，这是社会进步的一种体现。与此同时，也增加了我们党的执政能耗，对我们党在新时期做好群众工作提出了更高的要求，这也要求广大党员干部要不断提升做好群众工作的素质素养。党的十九大也明确要求全党要增强群众工作本领。

（一）永葆人民情怀

其一，牢记党的兴亡系于人民的规律；其二，着力增强全党的宗旨意识；其三，领导干部要讲群众感情；其四，正确对待群众利益诉求。

总之，要增强党的宗旨意识，对老百姓要有“一枝一叶总关情”的情怀。郑板桥做官颇有政声，他爱民惜民，将劳苦大众的疾苦时时挂在心上。他曾写过一首诗：“衙斋卧听萧萧竹，疑是民间疾苦声。些小吾曹州县吏，一枝一叶总关情。”这首诗真实地反映了他的爱民思想，值得每一名党员干部深思。

（二）把握辩证关系

其一，理想激励与现实激励的统一。既要给群众看得见的利益，又要对群众进行启发和教育，让群众感觉到他们不但有自己的短期利益、眼前利益，还有长远利益。换言之，既要满足群众，同时又要唤醒群众。其二，领导与服务的统一。群众工作绝不是简单的服务与被服务的工作，而是要把领导与服务融合在一起。领导就是服务，要寓服务于领导之中，不能把两者截然分开，但是同时又不能过于偏重某一个方面。领导是为了服务，但服务不是简单的服务，而是将领导融合于实践的服务。其三，自觉与动员的统一。如果群众没有达到一定程度的自觉性，没有动员到一定程度，你会发现好心不一定能够办成好事。这就需要掌握一个火候。就是既要反对无所作为的放任自流，又要反对独断专行的包办代替。比如，搞新农村建设，要发动群众，不能包办强制。其四，深入与集中的统一。我们既要做群众的学生，同时也要做群众的先生。“深入”即党必须发挥群众自下而上的积极性、主动性和自觉性，依靠最广大群众的力量来发现和解决问题，而“集中”则是党自上而下给予群众领导、号召。其五，因循与创造的统一。我们应该做到，既要领导群众，又不脱离群众；既要身先士卒，又不要突出个人。把这两者结合起来，这是最高的领导艺术，也是最好的群众工作方式。这就意味着做群众工作，不能简单地生搬硬套，而必须要把讲规律和讲艺术结合在一起，这就要靠领导者本人的能力、知识、经验和修炼才能实现。

（三）提升实践水平

其一，提高认识水平。党的正确的认识主要不是来源于党员干部自身的“认识实践”，而是来源于对“群众实践”的认识，党员干部思想和意识形成的材料来自群众实践及对于群众实践的直接而深入的接触。认识源于实践，对中国共产党来说，党的正确认识从根本上来源于群众的实践，而认识的具体形成、综合和发展则表现为党的作用，党在这一过程中既需要不断接触群众的实践，又需要领导、推动和反作用于群众的实践，从而更好地落实及验证党的认识。在党的认识过程中，群众和党都是不可或缺的，没有群众的实践，认识便无法开始，但如果没有党对于认识过程的掌握，也便无法形成真正的认识，甚至连实践本身也无从开展，这样的话实践也失去了其根本价值。党要形成、发展和验证某种认识，就必须接触和深入群众的实践。当然，仅仅接触和深入群众的实践并不是认识的全部过程，还必须通过党从理论上对群众实践的集中化和系统化，更重要的是，要将这一集中化和系统化的理论作为群众实践发展的导向，在为群众实践所坚持的同时为其所检验，而后又形成新的认识，指导新的实践。

其二，优化工作作风。工作作风强调党在工作中的态度问题，党对于群众的工作主要是领导工作，这里的工作作风也主要表现为党的领导作风。群众路线是我们根本的工作路线，也是我们根本的领导作风和工作方法。坚持群众路线，就能保证党同群众的血肉联系，保证党的各项工作的成功。就党对于群众的工作作风而言，党虽然是群众的领导者，但党并不能凌驾于群众之上，党在领导群众的同时必须注意自己对待群众的态度，要以谦虚谨慎、戒骄戒躁的态度对待群众。党自身和无产阶级作为政治社会发展的根本领导者，代表着社会中最大多数人的利益，以实现最大多数人的解放为自己的根本宗旨。虽然这种价值取向在不同时期的政治思想中，尤其是马克思主义的政治理论中并不少见，但正是由于“群众路线”的提出、发展和运用才使得这种价值取向更为明确，当然，“群众路线”不仅仅是一种价值取向，它有着更为丰富和具体的内容和表现形式，诸如认识论、工作方法、工作作风、组织原则，这使得“群众路线”作为党的价值取向能够得到更好的践行。

其三，贯彻组织原则。党的根本组织原则是民主集中制，这是“群众路线”在党的生活中的表现和应用。民主集中制是民主基础上的集中和集中指导下的民主的有机统一，就党的生活中的民主集中制而言，党的领导、中央和上级组织既要发挥党员、地方和下级组织的主动性和积极性，又要对后者进行必要的领导与集中，这与“群众路线”逻辑中党与群众的基本关系是一致的。民主集中制不仅表现为民主基础上的集中和集中指导下的民主的结合，它往往也表现为“从群众中来，到群众中去”“坚持真理，修正错误”以及“集中起来，坚持下去”等，这些内容之间从根本上看都是统一的，都与民主集中制这一组织原则构成一致性。因此，先民主后集中，从群众中来到群众中去，领导与群众相结合，既是民主集中制，又是“群众路线”的基本要求。

（四）加强自我提升

做群众工作，首先要学会做自己的工作。群众工作既是党进行领导的基本方式，又是党进行自我提升的基本手段。既然群众工作是一种高度依赖于人的工作，这就对领导者本人提出了很高的要求。其一，具备较高的道德素质。比如要廉洁奉公、实事求是、严于律己。一个不能自律的人是难以约束别人的，这是一个最基本的常识。其二，具备现代思想素质。一个不具备现代思想素质的人很难去做一个现代化社会中的现代人的工作，因为我们工作的对象不是数人头数出来的人，而是一个个充满思想感情和生活需求的活生生的人。其三，具备有益的个性特征。《论语》中描述为，“温而厉，威而不猛，恭而安”（温和而严厉，威严而不凶猛，庄重而安详）。除工作能力外，还要求领导具有优秀的情商，善于做思想工作，还要从传统文化以及国外文化中吸收有益成分。河南省南阳市内乡县衙有一副对联：“吃百姓之饭，穿百姓之衣，莫道百姓可欺，自己也是百姓；得一官不荣，失一官不辱，勿说一官无用，地方全靠一官。”共产党人应充分汲取这副对联所蕴含的“重民、尽责”思想，并内化、提升自身的道德修养和能力素质。

三、畅通党和人民群众之间的联系

有学者指出，苏共为何丧权亡党？道理并不深奥，事实也很清楚：官僚特权阶层的形成隔断了苏共同民众的联系，人民不会欢迎这种不代表他们利益的体制，更不会投赞成票。中国共产党怎样才能避免出现这种情况？基本的一条，就是要始终保持党与人民群众之间的顺畅联系，使人民群众的意见、建议成为党发展壮大的不竭动力，使人民群众的批评、监督成为党自警自省的强大力量。所以，习近平总书记在党的群众路线教育实践活动总结大会上说：人民群众中蕴藏着治国理政、管党治党的智慧和力量，从严治党必须依靠人民。而依靠人民进行从严治党，最根本的，就是畅通两个渠道，一个是建言献策渠道，一个是批评监督渠道。

（一）从畅通“两个渠道”把握从严治党的要求

从严治党，表面上看是“我要严”，实质上则是“要我严”。也就是说，人民群众指向于党的愿望要求、利益诉求，构成了从严治党的根本出发点。

从严治党是严峻的社会问题对我们党提出的必然要求，畅通“两个渠道”有利于更好地纾解缓和社会矛盾。在一个日益多元化的现代社会，矛盾总是客观存在和层出不穷的，回避矛盾、压制矛盾都是不可取的。当下我国正处于社会转型的关键期，也是社会矛盾的凸显期。各种社会矛盾和利益冲突时有出现，复杂的社会矛盾已成为影响改革发展稳定大局不可忽视的重要因素。社情民意实质上是民众利益需求与表达的信息表征，而这种利益需求得不到快速回应与满足恰是社会矛盾凸显的重要诱因。畅通“两个渠道”，高度重视社情民意，有利于密切党群干群关系，为解决社会矛盾创造和谐的氛围和条件。建立党群干群间“同呼吸、共命运、心连心”的互信关系，也有利于党政领导干部问政于民、问需于民、问计于民，在听民声、察民意、知民情中自觉地端正言行、净化思想，逐步增强服务意识、群众意识、大局意识，从而积极主动地化解社会矛盾，促进社会和谐稳定。

进一步说，从严治党是现代政治发展向我们党提出的必然要求，畅通“两个渠道”符合现代政党政治发展潮流。民主政治重要的特征之一就是民意政治。现代政治的发展过程，就是公民参与政治的深度、广度不断扩大以及参与水平不断提高的过程。在我国，民意充分而自由的表达是公民的重要权利之一，民意畅达是社会主义民主政治的重要特征之一。随着我国经济发展和社会进步，人民群众利益诉求多元多样，对美好生活有更多新期待，民主意识和权利意识也日益增强，我国已进入一个民意高涨的时代。我国民主政治建设的一个重要目的，就是要不断满足人民日益增长的政治参与愿望，努力适应人民群众政治参与积极性的不断提高，维护和实现人民当家作主的权利。完善民意表达机制，鼓励群众有序参与政治生活，让民意表达更加顺畅，使民意体现得更加充分，不断为政治民主注入活力，有助于实现“政通人和”的政治局面。

（二）从畅通“两个渠道”获得从严治党的依据

从严治党不是为严而严，一味地勒紧国法党纪的“马笼头”，而必须严而有据、严有所指，其依据和指向必须从畅通“两个渠道”中获得。

如同古希腊神话人物安泰的力量蕴藏于大地母亲身上一样，中国共产党的力量蕴藏于人民群众之中。“知屋漏者在宇下，知政失者在草野。”人民群众是真正的英雄，蕴藏着无尽的力量和无穷的智慧。我党的一切实际工作，必须要从群众中来，到群众中去，这是我党经过长期实践证明的正确的工作方法，也是建党近百年来的一条成功经验。毛泽东指出："要在人民群众那里学得知识，制定政策，然后再去教育人民群众。所以要当先生，就得先当学生，没有一个教师不是先当过学生的。而且就是当了教师之后，也还要向人民群众学习，了解自己学生的情况。"[①] 邓小平指出："社会主义现代化建设的极其艰巨复杂的任务摆在我们的面前。很多旧问题需要继续解决，新问题更是层出不穷。党只有紧紧地依靠群众，密切地联系群众，随时听取群众的呼声，了解群众的情绪，代表群众的利益，才能形成强大的力量，顺利地完成自己的各项任务。"[②]

如何根据新的不断变化的情况，继续继承、发扬以人民为镜、拜人民为师的基本经验，是当前从严治党的一个重要任务。首先，人民群众结构发生的重大变化使得他们的思想观念和价值体系受到了巨大影响和冲击，导致各种不同的价值取向并存，给新时期党群关系带来新的挑战。其次，中国共产党自身队伍发生的重大变化，使得一些党员干部不愿接受人民群众的监督批评、不会向人民群众学习甚至不敢与人民群众接触，从而给从严治党带来深刻挑战。因此，在这种新的形势变化下，依靠人民来从严治党只能从这"两个畅通"渠道中获得。

（三）在畅通"两个渠道"中把握从严治党的重心

中国共产党的领导哲学认为，在某种意义上，作为领导者的共产党人必须先知先觉，这是他成为领导者的一个先决条件；但要想真正成为

① 毛泽东．毛泽东文集：第 8 卷．北京：人民出版社，1999：324.

② 邓小平．邓小平文选：第 2 卷．北京：人民出版社，1994：342.

领导者，他还必须不断学习进步，而其中最重要的，就是向人民群众学习，只有向人民群众学习，才能更好地领导人民群众，这是极为重要的一条领导理念。在畅通“两个渠道”中把握从严治党，必须明确“学”的方向，突出“严”的重点。

一是要构建反馈机制。所有的工作从决策、执行到终结，要形成一个完整的圆环。要在密切党群关系中从严治党，就必须紧盯过程和结果，做到“说了就算，定了就干，干时有监督，结果有反馈”。决策而不抓落实不如不决策，落实而不反馈等于没落实。为此，要高度重视反馈机制的建设，把反馈的结果作为衡量和评价工作的最基本环节，也作为衡量和评价工作执行者的重要内容，从而让弄虚作假者、欺上瞒下者无所遁形、无以逞志，让人民群众听到、看到自己的意见、建议的反馈情况，从而构建有效的反馈机制。

二是要关注重点群体。必须认识到，各种社会群体对于我们党的表达力和影响力是不均等的。随着群众结构的多元化发展，出现了强势群体和弱势群体之分。强势和弱势群体不仅仅是收入上的差别，更体现在表达和追求自身利益的能力上存在差别。强势群体之所以强势，在于其掌握了更多的话语权，赢得了更多的利益表达空间，能够在公共决策中表达和维护自身的利益。弱势群体则相反，他们由于自身组织化程度低，自我维护能力弱，既缺乏影响公共舆论的资源，又鲜有参与政府决策的渠道，甚至无法得到与自身利益密切相关的信息，表达和追求自己利益的能力同样薄弱。作为一个代表最广大人民群众利益的政党，作为一个依靠广大群众起家的政党，中国共产党要把关注和听取特殊群体、困难人群的利益要求、意愿心声作为畅通“两个渠道”的重点。

三是要让制度落到实处。制度的关键在于落实。在“两个渠道”上，我国的人民代表大会制度，政治协商制度，基层群众自治、信访、听证会等一系列制度，都承担着重要的社情民意汇聚功能。但不可否认的是，这些制度的落实情况并不令人满意。比如，有些地方开通了领导接待日、热线、信箱等民意表达渠道，但往往因缺乏规范的运作机制而容易“走过场”，群众意见也常常因各部门间的“踢皮球”而不了了之。同时，在一些部门和环节，民意常常处在“摆花瓶”的尴尬境地，有的地方甚至不惜用造“假民意”的办法来推行“武断的官意”，导致一些决策与真民意相去甚远，进而戕害真民意的生长。

“天视自我民视，天听自我民听”，对于一个全心全意为人民服务的政党来说，群众是最值得信赖的，也是最客观的裁判、最高明的老师。以人民为镜，可以明得失；拜人民为师，可以兴百世。

四、增强走网上群众路线的意识和能力

伴随信息革命而形成的网络空间正在全面改变人们的生产生活方式，深刻影响人类社会历史发展进程。人民群众的“数字化生存”“虚拟化交往”向领导干部提出了什么样的要求？这是互联网背景下每一个领导干部都必须认真思考的重大问题。2016 年 4 月 19 日，习近平总书记在网络安全和信息化工作会议上指出，网民来自老百姓，老百姓上了网，民意也就上了网。各级党政机关和领导干部要学会通过网络走群众路线，经常上网看看，了解群众所思所愿。由此可见，通过网络走群众路线，着力增强走网上群众路线的意识和能力，已经成为领导干部的

“必修课”。

群众路线是党的生命线和根本工作路线，是我们党在革命、建设、改革的各个历史时期始终立于不败之地、不断由胜利走向胜利的法宝。无论时代怎样变化，群众路线这个法宝都不能丢。我们党对于群众路线内涵的经典表述是：一切为了群众，一切依靠群众；从群众中来，到群众中去。“两个一切”解决的是世界观问题，“一来一去”解决的是认识论和方法论的问题。“两个一切”强调的是最根本的群众观点，体现的是马克思主义关于人民群众问题的世界观，它是群众路线的核心内容；“一来一去”是群众观点的具体化，是群众工作的主要领导途径和工作方法，体现的是马克思主义关于人民群众问题的方法论，即如何把群众观点落到实处。领导干部要走好网上群众路线，就是要在网络空间中牢固树立网络执政意识，认真贯彻和体现党的群众路线，从而切实提高党的网络执政能力。

首先，领导干部要坚持“两个一切”原则，着力增强走网上群众路线的意识。“一切为了群众”决定马克思主义政党的性质和宗旨，是马克思主义政党因何而建、因何而立、因何而兴的根本所在；“一切依靠群众”决定马克思主义政党的力量源泉，是马克思主义政党发展壮大、蓬勃向前的根本动能。在网络空间中坚持“两个一切”原则，着力增强走好网上群众路线的意识，要着重把握以下两点：

第一，要坚持以人民为中心的网络工作理念。习近平总书记指出，人民立场是党的根本政治立场。以人民为中心是马克思主义政党的根本工作理念，这种工作理念在互联网时代尤其需要发扬光大。从人民群众的角度看，随着互联网的快速发展和信息化程度的日益提升，越来越多的“人民”以“网民”的面目出现，“网民”越来越成为“人民”在网络时代的代名词。这也就意味着，我们党所服务和依靠的对象也必须越来越偏重于“网民”这样一个“人民”的新的身份形态。从领导干部的角度看，正是由于越来越多的“人民”成为“网民”，服务人民和依靠人民的方式方法和途径手段也必须随之发生战略重心的转移，向“网民”偏重和倾斜，否则群众工作的效率和效果将会受到严重制约和影响。

第二，要坚持在网上“问政于民”“问计于民”“问需于民”。“得众则得国，失众则失国”，服务群众的检验标准是能否赢得群众。中国共产党的群众路线的一个光荣传统，就是坚持深入群众，从群众中汲取治国理政的经验和智慧；中国共产党的群众工作的一个宝贵经验，就是坚持群众参与，让群众在参与中贡献经验智慧、提高获得感。互联网以其平等、开放和包容的特点，使得人民群众获得了前所未有的表达愿望要求、利益诉求的便利条件。在过去，这样好的条件是我们党想都不敢想的。互联网时代的到来，为中国共产党发扬这个光荣传统、用好这个宝贵经验提供了前所未有的机遇和条件。领导干部应当抓住和用好这个机遇和条件，坚持在网上“问政于民”“问计于民”“问需于民”，体察民情民意，获取资讯信息，纠正错误失误，与网民形成强大的舆论呼应和现实互动，以更好地改善和优化自身工作。

其次，领导干部要坚持“一来一去”方法，着力增强走网上群众路线的能力。“两个一切”着重解决的是世界观的问题，但要真正把网上群众路线落到实处，关键在于贯彻和体现“一来一去”这个方法论。坚持群众路线，从工作方法的角度看，是宣传、组织、动员、教育群众的工作。只有较好地坚持“一来一去”的方法，才能真正让“两个一切”落到实处。在网络空间中坚持“一来一去”方法，着力增强走好网上群众路线的能力，着重要把握四点：

第一，要正确处理满足群众和引导群众的关系。满足群众，是指满足群众的各种物质文化需求；引导群众，是指让群众认同、理解、支持党的路线方针政策；二者是辩证统一的关系，前者体现的是对人的尊重、关心和理解，后者体现的是对人的启发、教育和提升。走好网上群众路线，一方面必须体现满足群众的要求，特别是满足群众对于各级各类党务信息、政务信息等涉及群众切身利益的资讯信息的需求，满足群众对于积极健康向上的网络精神文化产品的需求，让他们切实享受到网络带来的便利。另一方面也必须在满足群众中加强对群众的启发、教育和提升。应当看到，表现为网民身份的群众，既有积极、活跃、乐于表达的优点，也有感性化、个人化、碎片化甚至片面化表达的不足，对此，应当加强引导，把网络舆论的负面效应降到最低，形成凝心聚力、凝魂聚气的最大化效果。

第二，要正确处理深入群众和集中群众意愿的关系。在深入与集中的关系上，毛泽东同志有个“学生与先生”的经典比喻。当好学生，就必须“深入”，即党必须拜群众为师，发挥群众自下而上的积极性、主动性和自觉性，依靠最广大群众的力量来发现和解决问题；当好先生，就必须“集中”，即党自上而下地给予群众号召和指导，提供好的解决方案。走好网上群众路线，要求领导干部首先必须当好学生，克服一个“怕”字，深入网民之中，深入网络舆论之中，在深入中获得最真实、最生动、最尖锐、最直观的舆情动态和资讯信息，这是当好学生的基本功。同时，领导干部还必须能够从杂碎零散、片面感性的利益愿望诉求中抽身而出，善于进行消化吸收、总结提升，抓住主要矛盾和矛盾的主要方面，该回应的回应、该改变的改变、该引领的引领，从而当好网民的先生。这里面的辩证关系在于，当好学生是为了当好先生，当不好学生就当不好先生，当了先生还要继续当学生，持续当好学生才能持续当好先生。

第三，正确处理好跟群众讲道理与对群众讲感情的关系。在传统条件下坚持群众路线，由于更多是“面对面”的交流，因此附着感情是很自然的事情，但是在网络时代，由于更多的是“键对键”的交流，因此容易忽略群众的感情诉求，从而带来沟通交流上的困难。许多领导干部认为，在网络空间中，由于对面不见人，因此用不着过多讲感情，只要把道理讲通、讲好、讲对就可以了，但从实际效果看，这样做并不好。“没有规矩不成方圆”，道理要讲，一定要讲，首先要讲。但是，考虑到网民特别是中国网民对于领导干部具有天然的感情需求的特点，领导干部要善于把讲道理寓于讲感情之中，娓娓道来，解疑释惑，用和风细雨、润物无声的方式解决问题、引领舆论。

第四，正确处理好“外求于人”与“内求诸己”的关系。在网络空间中，一些领导干部往往会把问题往网民那里推，指责网民如何如何不好。实际上，走网上群众路线，主体是领导干部；网上群众路线走不好，主要的问题在于领导干部自己。做好网民的群众工作，不仅是一门科学，要讲规矩、规则和规律；也是一门艺术，要讲方式、方法和技巧，这就对领导干部本人的能力素质提出了新的更高的要求。从根本上说，网上群众路线既是领导干部开展领导活动的基本方式，也是领导干部进行自我提升的基本方式；网上群众工作是一种高度依赖于人的工作，要求领导干部必须具备高明的政治智慧和高超的政治技艺。因此，领导干部要走好网上群众路线，不能仅仅依赖于上级和他人，即不能仅仅“外求于人”，还必须着力提升自身的德行、素质和能力，做到“内求诸己”。很难想象，一个不善于理解和运用网络语言、不具备互联网思维、不懂基本的互联网应用技术的领导干部能够比较轻松地走好网上群众路线。

走好网上群众路线对于领导干部能力素质具有变革性要求。当前领导干部走网上群众路线，既存在意识不足的问题，即“不愿走”；也存在能力不足的问题，即“不善走”。要想走好网上群众路线，就要按照习近平总书记的要求，牢牢把握党的群众路线的基本要点，结合网络时代特征，着力增强走好网上群众路线的意识和能力，使全党的网络执政意识和网络执政能力有一个大的提升。

五、永远保持对人民的赤子之心

不忘初心，方得始终。中国共产党要永远保持建党时中国共产党人的奋斗精神，永远保持对人民的赤子之心。

（一）对人民的赤子之心就是中国共产党人的初心

初心，简单说就是做某件事的初衷。纵观习近平总书记对于“不忘初心”的阐述，可以发现，“不忘初心”是一个既具有内在联系又区分层次的概念。

首先，“不忘初心”是针对党员个体而言的。2015 年 7 月 1 日，习近平总书记在给国测一大队老队员老党员的回信中，首次提到了“不忘初心，方得始终”。习近平总书记说：“全国广大共产党员要始终在党爱党、在党为党，心系人民、情系人民，忠诚一辈子，奉献一辈子，以自己的实际行动，团结带领亿万人民为实现‘两个一百年’奋斗目标、实现中华民族伟大复兴的中国梦而共同奋斗。”这里提出的“不忘初心”，主要是强调每一位共产党员都不能忘记入党的初衷，要时刻牢记入党为了什么，入党追求什么。

其次，“不忘初心”是针对党的整体队伍而言的。2015 年 12 月 11 日，习近平总书记在全国党校工作会议上的讲话中指出：“我们干事业不能忘本忘祖、忘记初心。”习近平总书记指出：“我们共产党人的本，就是对马克思主义的信仰，对中国特色社会主义和共产主义的信念，对党和人民的忠诚。我们要固的本，就是坚定这份信仰、坚定这份信念、坚定这份忠诚。”这里提出的“不忘初心”，主要是强调中国共产党整体队伍不能丢掉信仰、丢弃理想、丢失对人民的忠诚。

最后，“不忘初心”是针对党的历史与实践而言的。在庆祝中国共产党成立 95 周年大会上，习近平总书记指出：“我们党已经走过了 95 年的历程，但我们要永远保持建党时中国共产党人的奋斗精神，永远保持对人民的赤子之心。一切向前走，都不能忘记走过的路；走得再远、走到再光辉的未来，也不能忘记走过的过去，不能忘记为什么出发。”这里提出的“不忘初心”，主要是强调中国共产党面对过去，要始终不忘为什么出发；面对现在，要始终不忘党因何而立；面对未来，要始终不忘党因何而兴。

在党的十九大报告中，习近平总书记再次强调，中国共产党人的初心和使命，就是为中国人民谋幸福，为中华民族谋复兴。这个初心和使命是激励中国共产党人不断前进的根本动力。

（二）提出“不忘初心”针对的是什么

习近平总书记为什么在中国共产党成立95周年之际浓墨重彩地提出“不忘初心”？这里面有深刻的政治考虑，有强烈的针对性，是基于党所处的历史和时代的时空方位而提出来的。

首先，提出“不忘初心”，针对的是党成立时的出发点到底是什么。伟大的中国共产党，以马克思主义为指导，以共产主义理想为信仰，团结带领全国各族人民为实现中华民族伟大复兴而拼搏奋斗。先进的理论指导，崇高的理想信念，在革命年代，激励着成千上万共产党人浴血奋战，死而后已；在建设年代，激励着无数共产党人激情似火，奉献终生；在改革年代，激励着广大共产党人以大无畏的改革勇气和伟大的改革创新精神开拓进取、勇往直前。提出“不忘初心”就是要激励全党继续拼搏向前，一往无前。

其次，提出“不忘初心”，针对的是当今一些党员干部到底丧失了什么。改革开放以来，尽管中国共产党人总体上依然坚守信念，但随着市场化、全球化和信息化的日渐深入，世俗化、功利化和物化也侵蚀了一些党员干部，使得他们淡忘了“为了谁，依靠谁，我是谁”，有的甚至沦为金钱的奴仆、美色的俘虏。习近平总书记指出：“理想信念动摇是最危险的动摇，理想信念滑坡是最危险的滑坡。”强调不忘初心，就是要求广大党员干部不能忘记自己的角色定位，要坚守“精神家园”，炼就“金刚不坏之身”。

最后，提出“不忘初心”，针对的是继续前进、实现中华民族伟大复兴到底需要我们党做什么。习近平总书记指出，要时刻准备应对重大挑战、抵御重大风险、克服重大阻力、解决重大矛盾，坚持和发展中国特色社会主义，坚持和巩固党的领导地位和执政地位，使我们的党、我们的国家、我们的人民永远立于不败之地。强调不忘初心，就是郑重提醒全党，要时刻牢记和重新理解“我是从哪里来的”“我是怎样走过来的”“我要到哪里去”“我应该做些什么”，从而坚持道路自信、理论自信、制度自信、文化自信，增强开拓前进的勇气和力量，增强历史担当精神，为继续前进奠定雄厚的政治基础。

（三）坚持“不忘初心”要求做到什么

第一，继续前进要求不忘“本质”。中国共产党的本质属性是人民性，她坚持人民立场，把全心全意为人民服务作为根本宗旨，因而要“永远保持对人民的赤子之心”。我们党是吮吸着人民群众的乳汁长大的，因此要始终忠诚为民。要坚信党的根基在人民、党的力量在人民，坚持一切为了人民、一切依靠人民，充分发挥广大人民群众积极性、主动性、创造性，不断把为人民造福的事业推向新的高度。

第二，继续前进要求不忘“祖宗”。全党要坚持马克思主义的指导地位，坚持把马克思主义基本原理同当代中国实际和时代特点紧密结合起来，推进理论创新、实践创新，继续推进马克思主义中国化、时代化、大众化，继续发展21世纪马克思主义、当代中国马克思主义，牢牢占据推动中国社会进步、实现民族伟大复兴的理论制高点。要把理想信念教育作为思想建设的战略任务，保持全党在理想追求上的政治定力，自觉做共产主义远大理想和中国特色社会主义共同理想的坚定信仰者、忠实实践者，牢牢占据推动人类社会进步、实现人类美好理想的道义制高点。

第三，继续前进要求不忘“出身”。1921 年的中国，风雨如晦。中国共产党诞生于中华民族面临内忧外患、社会危机空前深重的背景之下，力量弱小，任务艰巨。“艰难困苦，玉汝于成。”这一出身背景，就永远定格在了中国共产党的潜意识中。“生于忧患，死于安乐。”我们党是从苦日子里走过来的，今天尽管日子不那么苦了，但“吃苦”的内涵也有了新的时代特点，要求也更高了，因此艰苦奋斗的传统要永远发扬下去。

第四，继续前进要求不忘“基因”。中国共产党的基因是红色的，是在长期的革命斗争中形成的，它已经深深熔铸在了中国共产党的血脉之中，成为不可磨灭的品质、品格和品性。强调不忘初心，要求每一位共产党人都必须追求远大理想和崇高目标，必须爱党爱国，矢志不渝；必须勇于拼搏，自强不息；必须无私奉献，无怨无悔。并且要结合新的时代条件，坚定执着追理想、实事求是闯新路、艰苦奋斗攻难关、依靠群众求胜利，永远保持共产党人的先进性和纯洁性。

第五，继续前进要求不忘“历程”。中国共产党走过了一条什么样的路？一条曲折坎坷而又成就辉煌的路。这个历程是中国共产党和中国人民用鲜血、汗水、泪水写就的，充满着苦难和辉煌、曲折和胜利、付出和收获。2013 年 7 月，习近平总书记在西柏坡指出，“考试”仍在继续。中国共产党这个“考生”，要始终保持迎接“考试”的状态，才能向历史、向人民交出新的、更加优异的答卷。

第六，继续前进要求不忘“担当”。不忘初心，要求我们党必须以青春之活力、蓬勃之朝气，担当起该担当的责任，保持一股子冲劲、闯劲、猛劲，具有“初生牛犊不怕虎”般的斗志，夙兴夜寐、朝乾夕惕，戒骄戒躁、克勤克俭，以更优秀的成绩回报伟大的祖国和可爱的人民。

从拓展的角度来说，初心还可以有三种，一是初学者的心态，什么叫初学者的心态，不断精进才叫初学者心态，什么时候都要让自己的工作一步一步精进，日益精进，而不是满足于以往，这种心态肯定要保持，因为我们做得再好，总还有继续改进的余地，这就是初学者的心态。乔布斯说，拥有初学者心态，是一种非常伟大的品质。这个时代不需要初学者心态吗？永远需要。二是初生者的心态，什么叫初生者的心态，“初生牛犊不怕虎”的“初生”，赤子之心，婴孩之心，天真、率真、好奇而且勇敢，这种初生者心态，让共产党永远保持一种好奇心和想象力，共产党如果在心智上封闭了自己的想象力和好奇心，我们党也就停止了前进的动力。三是初创者的心态，今天的中国共产党“家大业大”，完全不是“赤手空拳”的时代了，但是家再大、业再大，也永远要保持一种初创者的状态和心态，永远要想到现有的一切如果不保持好，将来我们就会面临很大危险，所以要夙兴夜寐，只有这样，才能把这份“家业”很好地继承下去。

第十章

建设最强大的政党必须夯实强党之基

任何一个政党要永葆持久的强大生命力，就必须夯实党基，加强基层基础建设，尤其是基层组织建设。中共中央组织部发布的2016年中国共产党党内统计公报显示：截至2016年12月31日，中国共产党党员总数为8 944.7万名，比2015年净增68.8万名，增幅为0.8%。中国共产党现有基层组织451.8万个，比2015年增加10.5万个，增幅为2.4%。其中基层党委22.0万个，总支部27.7万个，支部402.1万个[①]。可以说，世界上没有任何一个政党像中国共产党这样组织庞大、党员众多。但习近平总书记清楚地指出，党的工作最坚实的力量支撑在基层，最突出的矛盾问题也在基层，必须把抓基层打基础作为长远之计和固本之举，努力使每个基层党组织都成为坚强的战斗堡垒。所以，对中国共产党这座宏伟大厦、这棵参天大树、这一超级巨人来说，基层党组织和党员干部就是基石、就是根须、就是细胞。只有基石稳固、根须繁茂、细胞健康，党才能更加坚强有力。这些是建设世界上最强大政党的主要

① 中共中央组织部．2016年中国共产党党内统计公报．中国共产党新闻网，2017-06-30.

硬件[①]。党的十九大报告专门强调要“加强基层组织建设”。因此，必须探究使基层党组织真正运转起来的战略和策略。

一、使基层党组织成为坚强阵地

加强党的基层组织建设，要强化基层党组织的主体责任，发挥好基层党组织的政治功能和服务功能，使广大的基层党组织真正成为服务人民的坚强阵地。

（一）采取有效措施扩大基层党组织覆盖面

在中共中央组织部发布的2016年中国共产党党内统计公报中，党组织情况如下：党的地方委员会。全国共有党的各级地方委员会3 207个。其中，省（区、市）委31个，市（州）委396个，县（市、区、旗）委2 780个；城市街道、乡镇、社区（居委会）、建制村党组织。全国8 138个城市街道、31 819个乡镇、97 911个社区（居委会）、550 636个建制村已建立党组织，覆盖率均超过99%；机关、事业单位党组织。全国23.2万个机关单位已建立党组织，占机关单位总数的99.6%，所占比例与2015年持平。51.5万个事业单位已建立党组织，占事业单位总数的94.7%，提高1.0个百分点。企业党组织。全国18.9万个公有制企业已建立党组织，占公有制企业总数的91.3%，比2015年提高0.4个百分点。185.5万个非公有制企业已建立党组织，占非公有制企业总数的67.9%，提高16.1个百分点。社会组织党组织。全国

① 何毅亭．努力建设世界上最强大的政党．学习时报，2017-07-10.

社会组织法人单位中已建立党组织的28.9万个，比2015年增加8.5万个，占社会组织法人单位总数的58.9%，提高17.3个百分点[①]。从上述数据可以看出，2016年基层党建在数量上保持进步势头，但需要在事业单位特别是非公有制企业、社会组织中加强基层党组织的覆盖面，着力解决一些基层党组织弱化、虚化、边缘化问题。

（二）真正发挥好基层党组织的政治功能和服务功能

基层党组织数量上的增加仅仅是提供了党发挥功能的充分条件，但更为重要的是落实基层党组织建设的主体责任，真正发挥好基层党组织的政治功能和服务功能。

从政治功能来看，基层党组织的一项重要功能就是落实各项主体责任，要求非常严格，内容也非常详细。举例来看，2015年新修订的《中国共产党纪律处分条例》清楚地规定了党组织的工作纪律，党组织应该在工作上尽职履责，特别是党组织的直接负责者和领导责任者必须承担相应的主体责任，包括：（1）党组织的直接责任者和领导责任者认真贯彻、检查督促落实党和国家的方针政策以及决策部署，做出符合党和国家方针政策以及决策部署的正确决策；（2）本地区、本部门、本系统和本单位严格遵守党的基本理论、基本路线、基本纲领、基本经验、基本要求或者党和国家方针政策以及决策部署行为；（3）党组织履行全面从严治党主体责任；（4）党组织的直接责任者和领导责任者在党员被依法判处刑罚后，按照规定给予党纪处分，或者对违反国家法律法规的行为，给予党纪处分；在党纪处分决定或者申诉复查决定做出后，按照

① 中共中央组织部.2016年中国共产党党内统计公报.中国共产党新闻网，2017-06-30.

规定落实决定中关于被处分人党籍、职务、职级、待遇等事项；党员受到党纪处分后，按照干部管理权限和组织关系对受处分党员开展日常教育、管理和监督工作；（5）直接责任者和领导责任者对所管理的人员严格管理，防止出走或叛逃。所以，党的十九大指出，要以提升组织力为重点，突出政治功能，把企业、农村、机关、学校、科研院所、街道社区、社会组织等基层党组织建设成为宣传党的主张、贯彻党的决定、领导基层治理、团结动员群众、推动改革发展的坚强战斗堡垒。

从服务功能来看，基层党组织是否有吸引力，关键在是否有能力为基层群众服务，无论是在线上还是线下，都应为群众办实事、谋实利。在基层实践中，已经有一些积极有益的探索。2011 年，重庆市垫江县委在筹备换届工作时发现，基层同志对担任人大代表和政协委员比较看重，而对担任党代表兴趣不浓。对此，当地借鉴了新加坡执政党人民行动党议员定期接待社区群众，畅通民意反映渠道，密切党群关系的经验做法，积极开展“两代表一委员”（党代表、人大代表和政协委员）联系群众活动。“两代表一委员”联系群众活动继承了党的群众路线的工作作风，发扬了党密切联系群众的优良传统，恪守了党全心全意为人民服务的宗旨。从效果来看，使党的建设更加科学。基层党组织是党的战斗堡垒，基层党建工作非常重要，探索如何在基层开展科学有效的党建工作是非常有价值的。“两代表一委员”联系群众活动，充分发挥了党代表的作用，特别是领导干部、党代表，既能够让基层党员干部正常开展本职工作，又能够发挥作为一名党员、党代表的先锋模范作用，进而在整体上加强基层党组织建设，增强基层党组织的凝聚力和战斗力。这全面提高了党的建设科学化水平，在基层党建上丰富了党代表任期制的实现形式，也是“民生党建”的体现[①]。在调研东部沿海某个村时，笔者发现当地开展了“争创好支部、争当好干部、争做好党员”的活动，对村“两委”创业承诺进行考核，并规划下一年度的工作重点。特别是通过一系列措施加强基层党组织的能力，包括党支部书记党建责任清单、党支部任期内目标和年度工作计划、党员先锋指数考评结果公示、党性教育日计划表、村党支部年度分类定级结果公示（根据党组织带头人、工作思路、工作制度、活动阵地、保障机制、工作业绩、群众反映等指标进行打分定级）。这些举措防止了基层党组织的软弱涣散、能力不足导致的“空转、停转、反转”，使其真正发挥战斗堡垒和领导核心作用，真正做到党的十九大报告强调的：“党支部要担负好直接教育党员、管理党员、监督党员和组织群众、宣传群众、凝聚群众、服务群众的职责，引导广大党员发挥先锋模范作用。”

同时，随着全面依法治国的开展，在基层法治化背景下，要求基层党组织增强法治思维和依法办事能力，特别是发挥基层党组织在矛盾纠纷调处机制中的作用，将矛盾化解在基层。例如，在集中开展精准扶贫的工作中，可以推动农村基层党组织在推动精准扶贫中发挥作用，同时加强组织领导、形成合力促进农村党建工作。优化基层党组织设置，着力加强农村基层党组织干部队伍建设，加大培训力度，提升致富带富能力，大力发展农村集体经济，健全规范工作机制，及时完善“顶层设计”，为农村基层党组织推动精准扶贫营造良好环境[②]。

---

① 孙培军．“两代表一委员”联系群众活动：沟通、制度和治理．中国党政干部论坛，2014（6）．

② 山西省党建研究会课题组．发挥农村基层党组织在精准扶贫中的作用研究．中国延安干部学院学报，2017（1）．

二、正确处理好党员数量和质量之间的关系

要处理好党员数量和质量的关系，把党员质量放在突出位置，推动党员充分发挥先锋模范作用。

（一）把党员质量放在突出位置

中共中央组织部发布的2016年中国共产党党内统计公报指出：截至2016年12月31日，中国共产党党员总数为8 944.7万名，比2015年净增68.8万名，增幅为0.8%。党员的总数是非常庞大的，党员队伍构成情况体现为：发展党员的性别、民族、年龄和学历。发展女党员77.2万名，占40.4%，比2015年提高0.8个百分点。发展少数民族党员17.9万名，占9.4%，提高0.5个百分点。发展35岁及以下党员157.1万名，占82.2%，提高0.4个百分点。发展具有大专及以上学历的党员78.5万名，占41.1%，提高1.5个百分点。发展党员的职业。工人（工勤技能人员）13.3万名（其中农民工7 101名），企事业单位、民办非企业单位专业技术人员23.7万名，企事业单位、民办非企业单位管理人员17.7万名，农牧渔民34.1万名（其中外出务工经商人员1.3万名），党政机关工作人员10.8万名，学生68.9万名，其他职业人员22.6万名。在生产、工作一线和新的社会阶层中发展党员。在生产、工作一线发展党员95.3万名，占发展党员总数的49.9%，比2015年提高0.2个百分点。在抗洪抢险、救灾等急、难、险、重特殊情况下发展党员123名。在新的社会阶层中发展党员1.4万名[①]。

① 中共中央组织部.2016年中国共产党党内统计公报.中国共产党新闻网，2017-06-30.

从上述数据来看，2016 年，各地各部门按照“控制总量、优化结构、提高质量、发挥作用”的总要求，在保证发展党员质量的前提下，继续控制党员数量增长速度。全年共发展党员 191.1 万名，比 2015 年减少 5.4 万名，降幅为 2.7%。在优化结构方面，仍然面临且不同程度地存在着生产一线党员少、青年党员少、文化程度高的党员少的“三少”现象，要注重防止人为地降低和曲解党员标准，不能用“能力”“富人”“好人”标准来代替党员标准。要严格按照党员标准，着力在工人中发展党员，继续做好在农民中发展党员工作，重视从青年工人、农民、知识分子、非公有制经济组织、社会组织中发展党员，根据不同群体、行业和岗位特点，确定发展重点，不断优化党员队伍结构。

尤为重要的是要把党员质量放在突出位置，坚持“三会一课”制度，加强党员的党性修养和作风养成，这是中国共产党以及每一个党员的终身任务。按照中共中央办公厅印发的《2014—2018 年全国党员教育培训工作规划》的要求，坚持以理想信念为重点，开展主题教育培训；针对不同领域特点，开展分类教育培训；围绕深化党的建设制度改革，健全教育培训工作体系。用以不断提高党员教育培训工作科学化水平，培养造就高素质的党员队伍。

值得关注的是，为了推进全面从严治党，保持党的先进性与纯洁性，党员干部内亟待落实党章的精神，建立党员退出常态机制，稳妥有序开展不合格党员组织处置工作。必须要突破认识上的误区，如党员终身制、对退党的过度政治化解读、权利义务不对等、片面强调人多力量大等。在党建实践中，应从以下四个方面着手推进党员退出常态机制：

重新登记、退党自由、组织劝退、荣誉党员[①]。

（二）使党员充分发挥先锋模范作用

任何组织要发挥作用，都要落实到组织中的每个成员身上。党的基层组织功能的发挥要靠每一个基层党员特别是党员干部真正发挥作用，从而真正使党员充分发挥先锋模范作用。

要使基层人员有动力发挥作用。现在一种情况是，党要管党、从严治党给党员干部工作积极性带来了新变化，也使现阶段党员干部工作积极性呈现出了新特点，面临了一些新问题。目前党员干部工作积极性总体良好。尽管个体认识存在差异，但总的认为全面从严治党利于开展工作。调查数据显示，主观上的认知、情感、意志力，客观上的能力、高效工作机制以及完善的制度保障与工作积极性紧密相关。提高工作积极性应从价值体系培养、党员队伍建设、综合配套机制形成以及完善制度着手[②]，特别要加强党内激励关怀帮扶和基层党组织带头人队伍建设。

从基层的实践来看，在基层主要是基层群众自治，自治情况的好坏关键在于“两委”班子的干事能力和动力。在调研中发现一个好的案例：某个社区党支部书记和村委会主任由一位女性“一肩挑”，这位女性具有很强的责任感和使命感，用自己的退休金修缮办公场所，针对社区处于城乡结合部、外来人口多、环境差的劣势，她带领村“两委”班

① 龚先庆. 建立党员退出常态机制探讨. 中国井冈山干部学院学报，2016（5）.

② 何文兰，张燕玲. 新形势下如何调动和提升党员干部工作积极性——基于陕西省实证研究. 中国井冈山干部学院学报，2016（5）.

子自力更生，筹集人财物，甚至回收别的企事业单位淘汰的办公用品和绿化设施，变废为宝，以至于连小偷都“不好意思”来这个小区行窃。在当前基层人员“不作为”和“乱作为”的恶劣风气下，她以身作则、无私奉献，为基层人员树立了“想做事、能做事、做成事、不出事”的榜样。此外，有的地方已经形成常态机制来保障党员干部发挥作用，像杭州市淳安县 2013 年开始推行的“三认”（认人、认情、认事）联系服务群众机制，正是一种促使党员干部深入农村基层联系服务群众的好机制。

三、坚持正确选人用人导向

解决中国的问题关键在党，特别是要靠党的各级领导干部带领中华民族和中国人民“不忘初心，继续前进”。习近平总书记早在 2013 年全国组织工作会议上就指出：“我们党历来高度重视选贤任能，始终把选人用人作为关系党和人民事业的关键性、根本性问题来抓。”[①] 选人用人的重要性可见一斑。经过一代又一代人的顽强拼搏、接续奋斗，现在我们比历史上任何时期都更接近中华民族伟大复兴的目标。越是事业发展的紧要关头，越要有一大批德才兼备的领导骨干。从这个意义上说，当前我们党选贤任能的任务，比以往任何时候都更为紧迫和重要。因此，党的十九大强调坚持正确选人用人导向，匡正选人用人风气。

---

① 建设一支宏大高素质干部队伍 确保党始终成为坚强领导核心．人民日报，2013-06-30.

（一）抓好选人用人这个关键

党的十八届六中全会提出："坚持正确选人用人导向，是严肃党内政治生活的组织保证。"可以说，净化政治生态重在选人用人，选人用人制度不科学是造成领导干部"四风"问题与腐败问题最直接的原因，也是造成一些党员干部宗旨观、群众观、权力观、政绩观等异化的关键因素。正如习近平总书记曾指出的，选人用人是党内政治生活的风向标，用人上的不正之风和腐败现象对政治生活危害最烈，端正用人导向是严肃党内政治生态的治本之策。

选对人很关键，选错人、用错人的负面影响非常大，是否选对人直接关系着干部与群众关系的好坏、干部积极性的高低乃至各项工作的成功与否。2014 年 1 月 14 日，中共中央印发了《党政领导干部选拔任用工作条例》，"群众"二字在全文出现 9 次，群众路线或将成为新时期用人选人新的重要考量，党的群众工作也将不断推向纵深。选拔任用就是要通过科学的法律法规防止和纠正选人用人上的不正之风。习近平总书记强调："用一贤人则群贤毕至，见贤思齐就蔚然成风。选什么人就是风向标，就有什么样的干部作风，乃至就有什么样的党风。各级党委及组织部门要坚持党管干部原则，坚持正确用人导向，坚持德才兼备、以德为先，努力做到选贤任能、用当其时，知人善任、人尽其才，把好干部及时发现出来、合理使用起来。要坚持全面、历史、辩证看干部，注重一贯表现和全部工作。要改进考核方法手段，既看发展又看基础，既看显绩又看潜绩，把民生改善、社会进步、生态效益等指标和实绩作为重要考核内容，再也不能简单以国内生产总值增长率来论英雄了。要树立强烈的人才意识，寻觅人才求贤若渴，发现人才如获至宝，举荐人才不拘一格，使用人才各尽其能。”[①] 所以说，选人用人贵在导向正确，要坚持用党和人民需要的好干部标准选人用人，无论是选拔使用干部还是评价考核干部，都要注重看干部是否做到了信念坚定、为民服务、勤政务实、敢于担当、清正廉洁，是否真正把德才兼备、以德为先的要求落到实处。要坚持从事业发展出发选人用人，立足岗位需要，注重实践导向，做到人岗相宜、人尽其才，引导干部把心思和精力用在做工作、干实事上。要坚持五湖四海选人用人，拓宽视野渠道，加大交流力度，打破干部部门化地域化，使干部在不同环境不同岗位增长才干。

尤为重要的是，党的十八届六中全会专门提出：“坚持正确选人用人导向，是严肃党内政治生活的组织保证。选拔任用干部必须坚持德才兼备、以德为先，坚持五湖四海、任人唯贤，坚持信念坚定、为民服务、勤政务实、敢于担当、清正廉洁的好干部标准。党的各级组织必须自觉防范和纠正用人上的不正之风和种种偏向。党的各级组织要旗帜鲜明为敢于担当的干部担当，为敢于负责的干部负责。坚决禁止跑官要官、买官卖官、拉票贿选等行为，坚决禁止向党伸手要职务、要名誉、要待遇行为，坚决禁止向党组织讨价还价、不服从组织决定的行为。任何人都不准把党的干部当作私有财产，党内不准搞人身依附关系。规范和纯洁党内同志交往，领导干部对党员不能颐指气使，党员对领导干部不能阿谀奉承。建立容错纠错机制，宽容干部在工作中特别是改革创新中的失误”，并强调“禁止利用职权或影响力为家属亲友谋求特殊照顾，

---

① 建设一支宏大高素质干部队伍　确保党始终成为坚强领导核心．人民日报，2013-06-30.

禁止领导干部家属亲友插手领导干部职权范围内的工作、插手人事安排。要坚持有腐必反、有贪必肃，坚持无禁区、全覆盖、零容忍，党内决不允许有腐败分子藏身之地”。党的十九大也专门强调匡正选人用人风气、突出政治标准，提拔重用牢固树立“四个意识”和“四个自信”。

总之，要通过“系统完备、科学规范、有效管用、简便易行”的制度法规形成正确选人用人导向，“使那些对群众感情真挚、深得群众拥护的干部，那些说话办事有灼见、有效率的干部，那些对上对下都实实在在、不玩虚招的干部，那些清正廉洁、公众形象好的干部，得到褒奖和重用；使那些享乐思想严重、热衷于形式主义、严重脱离群众的干部，受到警醒和惩戒”[①]，将“想做事、会做事、做成事、不出事”的人选出来，用得好，同时对“不敢为、不作为、假作为、乱作为”的人通过党规党纪加以处罚，形成良好的选人用人风气，完善干部考核评价机制，增强党组织的公信力和吸引力。

（二）建设更加完备成熟的法规制度体系

随着干部工作形势任务和干部队伍状况的变化，如何建立关于党内选拔任用的更加完备、更加成熟的法规制度体系，显得非常重要。特别是选人用人的公信度影响着干部人事制度，现实中存在党员群众对选人用人的标准、程序和结果认同度不足等问题。“选贤任能”，选的是贤者，任的是能者，如果得不到认可，很难开展工作，所以，必须通过科学和民主的人事制度进行选贤任能，这是在着力选拔党和人民需要的好干部，努力建设一支宏大的高素质执政骨干队伍，为实现“两个一百

① 习近平：要多到群众最需要的地方去解决问题 . 新华网，2013-02-05.

年”奋斗目标和中华民族伟大复兴的中国梦提供坚强组织保证。要知道，好干部不会自然而然产生。成长为一个好干部，一靠自身努力，二靠组织培养。所以要秉持“信念坚定、为民服务、勤政务实、敢于担当、清正廉洁”的好干部标准，深化干部人事制度改革，把党和人民需要的好干部及时发现出来、合理使用起来，规范干部选拔任用工作，建立健全科学的选拔任用机制，提高领导干部的使命感、责任感和执行力。

所以，党的十八大以来特别强调选人用人法规建设，最为重要的是 2014 年发布的选拔任用的根本大法——《党政领导干部选拔任用工作条例》(2014 年 1 月 14 日)。随后，中共中央组织部印发《关于党政领导干部选拔任用工作条例若干问题的答复意见》(2014 年 7 月 8 日)，对实际操作中的一些具体问题做了详细解释。

针对在一些地方和单位违规用人问题仍时有发生，跑官要官、拉票贿选、买官卖官等不正之风屡禁不止，干部群众反映强烈，为了贯彻落实党要管党、从严治党方针，严明组织纪律，大力营造风清气正的用人环境，保证《党政领导干部选拔任用工作条例》严格执行，经中央同意，颁布了《关于加强干部选拔任用工作监督的意见》(2014 年 1 月 21 日)，通过六个方面加强工作监督：认真贯彻《党政领导干部选拔任用工作条例》，严格按制度规定选人用人；严格把好人选廉政关，坚决防止“带病提拔”；严厉查处违规用人行为，坚决整治用人上的不正之风；建立倒查机制，强化干部选拔任用责任追究；加大监督检查力度，及时发现和纠正存在的问题；组工干部要坚持公道正派，严格执行组织人事纪律。

为了贯彻落实党的十八大和党的十八届三中、四中全会精神，中央贯彻落实习近平总书记系列重要讲话精神，针对干部出现的新问题，中央相继颁布了《推进领导干部能上能下若干规定（试行）》（2015年7月19日），强调推进领导干部能上能下，重点是解决干部能下的问题。必须坚持党要管党、从严治党，坚持实事求是、公道正派，坚持人岗相适、人尽其才，坚持依法依规、积极稳妥，着力解决为官不正、为官不为、为官乱为等问题，促使领导干部自觉践行“三严三实”要求，推动形成能者上、庸者下、劣者汰的用人导向和从政环境。中央又针对干部和群众反映强烈、深恶痛绝的“带病提拔”怪象，发布了《关于防止干部“带病提拔”的意见》（2016年8月29日），通过落实工作责任、深化日常了解、注重分析研判、加强动议审查、强化任前把关、严格责任追究六个方面强化全面从严治党、从严管理干部。

同时，必须建立容错纠错机制。习近平总书记早在省部级主要领导干部学习贯彻党的十八届五中全会精神专题研讨班上的讲话中就指出，受成长经历、社会环境、政治生态等多方面因素影响，当前干部队伍也存在种种复杂情况，一个突出问题是部分干部思想困惑增多、积极性不高，存在一定程度的为官不为，并提出“三个区分开来”[①]。而党的十八届六中全会专门指出：“坚持正确选人用人导向，是严肃党内政治生活的组织保证……党的各级组织要旗帜鲜明为敢于担当的干部担当，为敢于负责的干部负责……建立容错纠错机制，宽容干部在工作中特别是改

① 三个区分开来，即把干部在推进改革中因缺乏经验、先行先试出现的失误和错误，同明知故犯的违纪违法行为区分开来；把上级尚无明确限制的探索性试验中的失误和错误，同上级明令禁止后依然我行我素的违纪违法行为区分开来；把为推动发展的无意过失，同为谋取私利的违纪违法行为区分开来，保护那些作风正派又敢作敢为、锐意进取的干部。

革创新中的失误。”由此可以看出，干部队伍、选人用人与政治生态有着密切的关系，政治生态的净化程度直接影响着干部是否“想做事、做成事、不出事”，特别是对敢于担当的干部在工作上出现失误，可以因时因地制宜进行容错纠错，建立相应的机制加以修正和弥补。因此，全面从严治党，其中的一个关键环节就是全面净化党内政治生态，打破在“为官不为”上的“洗碗效应”，辩证地体现在选人用人上就是要建立相应的容错纠错机制，保护干部的积极性、主动性和创造性，形成党组织和党员干部相互担当、相互负责的良好关系。建立起依法、综合、系统、源头的容错纠错机制，破除“洗碗效应”，把哪些行为可以“容”“纠”以及怎样“容”“纠”加以制度化、程序化和规范化，保障机制的运行效力。

（三）防范和纠正选人用人上的不正之风

由于历史和现实的原因，选人用人在实践中存在一些突出问题，党已经清楚地认识到这些问题所在，并通过一系列的法规、制度来加以防范和纠正。党的十八届六中全会指出，党的各级组织必须自觉防范和纠正用人上的不正之风和种种偏向，要坚决禁止以下三类行为：跑官要官、买官卖官、拉票贿选等行为；向党伸手要职务、要名誉、要待遇行为；向党组织讨价还价、不服从组织决定的行为。调查结果显示，当前选人用人方面最大的弊端就在于“一把手说了算”与“民主选举走过场”，33.9% 与 41.2% 的被调查者选择了这两项；从根本上看，“民主选举走过场”与“一把手说了算”本质上是一回事，归根结底还是“一把手”的问题。导致干部脱离群众的主要原因，就是“上级决定‘乌纱帽’”与“干部业绩考核制度”，被调查者中选择这两项的比例分别为41.3%与21.3%，合计高达62.6%[①]。

媒体曾报道新疆维吾尔自治区公安厅原党委委员、副厅长谢晖严重违纪的案例：谢晖作为单位“一把手”，带头破坏选人用人制度规定，造成恶劣示范，调查人员翻开2012年4月25日自治区监狱管理局一份干部任职文件，一共21人提任职务，其中给谢晖送钱“表示心意”的竟达17人。要破除选人用人的不正之风，就要坚决防止以个人亲疏好恶选人用人的行为，强化选人用人的责任机制，分清选人用人部门和提名者、考察者的责任，实行责任连带，实现公开透明，并接受社会监督，既严惩跑官要官者，又严惩封官许愿者。这也正是党的十八届六中全会强调的：“任何人都不准把党的干部当作私有财产，党内不准搞人身依附关系。规范和纯洁党内同志交往，领导干部对党员不能颐指气使，党员对领导干部不能阿谀奉承。”必须加强选人用人的反腐败工作，“禁止利用职权或影响力为家属亲友谋求特殊照顾，禁止领导干部家属亲友插手领导干部职权范围内的工作、插手人事安排。要坚持有腐必反、有贪必肃，坚持无禁区、全覆盖、零容忍，党内决不允许有腐败分子藏身之地”。

选人用人导向出了问题，对其防范和纠正主要体现在选拔任用的纪律和监督上，从党内法规上来看，主要包括《党政领导干部选拔任用工作条例》《中国共产党纪律处分条例》《中国共产党问责条例》《关于防止干部“带病提拔”的意见》等，这体现了全面从严治党的要求。刘

① 刘红凛．从严治吏与选人用人科学化——党的十八大以来从严治吏的基本特点与基本启示．理论探讨，2015（6）．

云山曾指出，实现干部工作的风清气正，必须坚持党管干部原则，强化党组织在选人用人中的把关责任。要切实把好资格关，严格选拔任用条件，防止放松标准、降格以求；切实把好程序关，严格选人用人的组织程序，防止程序空转、违规违纪；切实把好廉政关，严格核查廉洁自律情况，防止“带病提拔”“带病上岗”。要着力抓好选人用人突出问题的专项治理，对超职数配备领导干部、冒充人头吃空饷、编造假履历假档案、党政领导干部违规兼职等问题进行集中整治，对跑官要官、买官卖官、打招呼干预下级干部任用、违规破格提拔干部等问题认真严肃查处，狠刹歪风邪气、树立新风正气。监督选人用人过程真正做到不“雾里看花”、不“喧宾夺主”、不“越俎代庖”。

第十一章

建设最强大的政党必须把握强党之要

治国必先治党，治党务必从严，从严必依法度。把握强党之要，就是必须把党内法规这个“要”建设好。党的十九大报告指出，加快形成覆盖党的领导和党的建设各方面的党内法规制度体系。当前，中国共产党已经有 450 多万个党组织、8 900 多万名党员，从规模上来讲已经是世界上最大的政党。但是，要真正成为世界上最强大的一个政党，离开党内法规、离开完善的党内制度治理是难以想象的。因为，法规制度带有根本性、全局性、稳定性、长期性，制度治党、依规治党，依靠制度优势来不断提高党的执政能力和领导水平，必然成为全面从严治党的选择。

一、马克思主义政党的性质决定了党内法规的重要性

政党政治是现代政治的重要特征。著名政治学家艾伦·韦尔就曾明确指出，“很难想象，当代国家的政治并非政党政治……政党对一个现代国家的管理极其重要”。在现代政治谱系中，政党政治是实现国家治

理体系和治理能力现代化的重要组成部分。然而，不同的政党类型，又影响着国家治理的走向。

一般来说，欧美国家的政党往往与现代议会制度密切相关。诸如，在英联邦诸国占主流的威斯敏斯特模式（Westminster Model），在其建立之初便与政党政治紧密结合。其瞩目于在议会中的政治参与，即不论其是否在议会内占据多数，也不论是否通过议会掌控政权，其设立和运转的逻辑均落脚于在现有体制框架内通过选票“多数决”方式掌控或影响政治。此所谓“内生党”的真谛所在。在这种政党模式下，为了争取更多的选民和选票，此类政党的入党门槛比较低，很多都采取“登记制”，其约束党员行为的党内纪律也较为宽松。

相比而言，中国共产党是典型的列宁主义政党（Leninist Party），是政党形式的重要表现之一。这种类型的政党强调思想建党和制度建党相结合，并将两者都摆在了特别重要的位置。列宁在《同立宪民主党化的社会民主党人的斗争和党的纪律》中指出：“我们已经不止一次从原则上明确地谈了我们对工人政党的纪律的意义和纪律的概念的看法。**行动一致，讨论和批评自由**——这就是我们明确的看法。只有这样的纪律才是先进阶级民主主义政党所应有的纪律。”[①] 70多年前，毛泽东同志指出，“路线是‘王道’，纪律是‘霸道’，这两者都不可少”。可以说，思想建党和制度建党相结合，是列宁主义政党相较于其他政党形式的独特优势。思想建党与制度建党，主要是一种内在和外在的关系。思想建党是从意识形态维度，内在地规定了党的宗旨；制度建党是从制度维度，外在地规定了党的纪律。两者内外配合，为管党治党提供了关键抓

① 列宁．列宁全集：第14卷．北京：人民出版社，1988：121.

手。尤其是制度建党，体现了马克思主义政党进行党内治理的制度意义的路径选择。从建党开始，这种类型的政党就设定了严格的入党标准和入党程序，在党内法规（党的纪律）建设上不断强化对党的各个要素的规训，进而实现组织层面的集中统一，也就是列宁所言的“行动一致”。毛泽东同志所说的“（一）个人服从组织；（二）少数服从多数；（三）下级服从上级；（四）全党服从中央”[①]，也是这个意思。

对于马克思主义政党而言，集中统一的秩序是意义非凡的。它在组织层面上保证了党内各级组织和全体成员的行为要符合政党的要求，要保持集中化的一致，并形成统一的自上而下的组织形态。在这种类型的政党中，党内法规（党的纪律）建设的直接目的在于集中统一，其价值指向也在于集中统一。可以说，没有集中统一，就不是一个真正的列宁主义政党。列宁曾把“集中统一”放在集中化的组织立场上加以推出，“工人阶级的力量在于组织。……组织性就是行动一致，就是实际活动一致”[②]。在他看来，有了行动一致（集中统一），才能在整个纪律体系中形成一种“集中”的组织秩序。在谈论党的纪律之时，还曾有很多人将集中与纪律联系起来，甚至将集中作为政党纪律唯一的标志。与此相关，也有将“组织”“一致”“统一”等词汇与“集中”类似的观念与纪律相连，并加以实现。因此，在很多人涉及党的纪律的文献中，就出现了诸如“组织与纪律”“统一的纪律”“集中与纪律”等表述。

马克思主义政党通过党规党纪整合了党内各级组织和全体成员的行为，使其符合党的宗旨要求，在组织形态上保持集中化的一致，并形成

① 毛泽东．毛泽东选集：第2卷．北京：人民出版社，1991：528.

② 列宁．列宁全集：第14卷．北京：人民出版社，1988：121–122.

统一的自上而下的组织秩序，进而形成强大的团体力量。然而，一旦违反了党的纪律，其违纪处分结果也要远比西方政党严重得多。这种处分后果，是一种基于政治“肉体”的惩罚，更多地体现于对党内资格身份这种“社会生命”的贬低或剥夺，比如对党组织的改组、解散，对党员的警告、严重警告、撤销党内职务、留党察看、开除党籍等纪律处分措施。这些如同悬在头顶的达摩克利斯之剑式的纪律处分方式，是党内各级组织和全体成员面临违纪诱惑时的重大警戒。

从现实中看，“集中统一”在党内法规体系中突出表现为对政治纪律的强调。马克思主义政党历来对政治纪律格外看重。当前，中国共产党也不例外。我们党强调“严明党的纪律，首要的就是严明政治纪律”，这正是对这一判断的有力印证。同样，强调“切实增强政治意识、大局意识、核心意识、看齐意识”，也是对这一经验的重要背书。在当前中国语境中，政治纪律最核心的就是坚持党的领导，坚持党的基本理论、基本路线、基本纲领、基本经验、基本要求，同党中央保持高度一致，自觉维护党中央权威。这正是中国共产党政治纪律的核心要义，也正是马克思主义政党政治要求的题中应有之义。集中统一的政治纪律，为党内法规体系之所以能够成为“体系”提供了“圆心”。

二、党内法规建设取得了前所未有的进展

党的十八大以来，党内法规的价值导向日益凸显，制度定位越发清晰，体系架构趋于完善，执行运转更加顺畅。全党不仅完成了党史上第

一次党内法规和规范性文件集中清理工作[①]，而且制定了《中央党内法规制定工作五年规划纲要（2013—2017年）》。从实践上来看，十八大以来的党内法规建设取得了前所未有的进展，在一些重点领域和关键环节取得了重大突破，一系列具有标志性、关键性、引导性的法规制度陆续出台，进一步夯实了全面从严治党的制度基础。

2012年，党内法规建设从作风建设入手，重点在于"破局"，打开党内法规体系建设的局面。12月4日，中共中央政治局审议通过了《中央政治局关于改进工作作风、密切联系群众的八项规定》。"八项规定"要求从中央政治局做起，以上率下，带头转变作风，具有较强的示范意义，打响了党的十八大以来党内法规建设的"第一枪"。

2013年，党内法规建设重点围绕党内法规制定的基础性工作展开。5月27日，经中央批准，发布实施《中国共产党党内法规制定条例》，废止原有的《中国共产党党内法规制定程序暂行条例》。这一党内"立法法"的制订，为接下来一系列党内法规制定奠定了坚实的程序基础。同日，还发布了《中国共产党党内法规和规范性文件备案规定》，自2013年7月1日起施行。这一备案规定的制订，是党内法规和规范性文件形成体系化的重要步骤。同年11月18日，依然着眼于转变作风，由中共中央、国务院印发实施了《党政机关厉行节约反对浪费条例》。

---

① 本次党内法规和规范性文件集中清理工作，共分为两个阶段：第一阶段：清理1978年至2012年6月出台的中央党内法规和规范性文件；第二阶段：清理新中国成立至1977年出台的中央党内法规和规范性文件。经过中央办公厅等50多个部门对新中国成立至2012年6月期间出台的2.3万多件中央文件的全面筛查和清理，1 178件中央党内法规和规范性文件中，322件被废止、369件被宣布失效，二者共占58.7%；继续有效的只有487件，其中42件需适时进行修改。

2014 年，党内法规建设在组织人事方面有所着力。1 月 14 日，中共中央印发实施了新修订的《党政领导干部选拔任用工作条例》。该条例体现了中央对干部工作的新精神新要求，吸收了干部人事制度改革的新经验新成果，根据新形势新任务对干部选拔任用制度进行了改进完善，是做好党政领导干部选拔任用工作的基本遵循，也是从源头上预防和治理选人用人不正之风的有力武器。6 月 10 日，中共中央办公厅印发施行《中国共产党发展党员工作细则》。该细则认真总结了 1990 年中央组织部印发《中国共产党发展党员工作细则（试行）》以来取得的经验和不足，着眼于发展党员质量，提出了一系列重要要求。

2015 年，党内法规建设达到了高峰期。党内法规新制定、修订的数量很大。5 月 18 日，中共中央颁布施行《中国共产党统一战线工作条例（试行）》。该条例是中国共产党第一部关于统一战线工作的党内法规，对各领域各方面统一战线工作做出了规范，是统战工作制度化、规范化、程序化的重要标志。5 月 29 日，中共中央政治局审议通过了《中国共产党党组工作条例（试行）》，2015 年 6 月 11 日起施行。该条例是 1945 年党的七大建立党组制度以来，首次对其条例化规定，对于进一步规范党组工作，加强和改善党的领导，提高党的执政能力具有十分重要的意义。7 月 19 日，中共中央办公厅印发实施《推进领导干部能上能下若干规定（试行）》。能上不能下，是长期制约干部工作的难点问题，虽然近些年做了很多探索，但一直没有有效解决，相关法规制度还是一块短板。该规定是建立健全领导干部能上能下制度机制的一个突破，具有十分重要的意义。8 月 3 日，中共中央颁布实施修订《中国共产党巡视工作条例》。巡视工作条例是管党治党之利器，党的十八大以来，巡视工作面临新的形势任务，内容和方式都做了重要调整和改变，实践中积累了丰富经验，该条例正是在这个背景下对原“试行”的巡视工作条例进行修订的。10 月 14 日，中共中央发布施行《干部教育培训工作条例》，修订了 2006 年颁布的《干部教育培训工作条例（试行）》，对干部教育培训工作进行了新的专门规定。10 月 18 日，中共中央发布新修订的《中国共产党廉洁自律准则》和《中国共产党纪律处分条例》。准则和条例在内容展现上一正一负、行为导向上一高一低、执行动力上一内一外、条款设定上一少一多，逻辑分明、相互配合，树立了道德高线和纪律底线，体现了思想建党和制度建党相结合的要求。12 月 25 日，中共中央颁布实施《中国共产党地方委员会工作条例》，对 1996 年中央印发的《中国共产党地方委员会工作条例（试行）》进行了全新修订，为新时期地方党委工作提供了直接的制度依据。

2016 年，党内法规建设数量很多，分量很重。这些党内法规涉及党内政治生活、问责、监督等重点领域。6 月 28 日，中共中央政治局审议通过《中国共产党问责条例》，2016 年 7 月 8 日起施行。问责工作是全面从严治党的重要内容之一，随着管党治党力度的不断加大，《中国共产党问责条例》的出台恰逢其时，有力推动了问责工作的制度化、常态化。7 月 8 日，中共中央办公厅、国务院办公厅印发实施《专业技术类公务员管理规定（试行）》和《行政执法类公务员管理规定（试行）》。8 月 19 日，中共中央组织部、人力资源和社会保障部、国家公务员局发布《公务员考试录用违纪违规行为处理办法》，对不同类别的公务员管理工作进行了规定，对公务员考试录用违纪违规处理进行了专门规定。10 月 27 日，中国共产党第十八届中央委员会第六次全体会议通过《关于新形势下党内政治生活的若干准则》和《中国共产党党内监督条例》。准则和条例对新形势下如何开展党内政治生活、如何进行党内监督进行了专门规定。12月23日，中共中央颁布施行《县以上党和国家机关党员领导干部民主生活会若干规定》，对县以上党和国家机关党员领导干部开展民主生活会工作进行了详细规定。

2017年党内法规建设依然有条不紊，有序展开。1月8日，中国共产党第十八届中央纪律检查委员会第七次全体会议通过《中国共产党纪律检查机关监督执纪工作规则（试行）》，1月20日发布实施。该规则是监督执纪部门、构建自我监督体系、解决纪检机关突出问题、对监督执纪相关制度进行整合工作的一次重大进展。1月30日，中共中央办公厅印发了《中国共产党党委（党组）理论学习中心组学习规则》，对党委（党组）理论学习中心组学习工作进行了规定。3月1日，中共中央印发施行《中国共产党工作机关条例（试行）》，对涉及党的工作机关的有关问题进行了专门规定。7月1日，中共中央决定再次修改《中国共产党巡视工作条例》，新条例于2017年7月10日起施行。这次修改是贯彻落实党的十八届六中全会精神，深化政治巡视，进一步发挥巡视监督全面从严治党利剑作用的重要举措。

三、完善的党内法规体系是制度治党的基本内容

按照中央的部署，中国共产党要在建党100年时，建成内容科学、程序严密、配套完备、运行有效的党内法规制度体系。党的十八届四中全会审议通过《中共中央关于全面推进依法治国若干重大问题的决定》，

把“形成完善的党内法规体系”列为中国特色社会主义法治体系的重要组成部分。习近平总书记在党的第十八届中央纪律检查委员会第六次全会上也专门强调，要“创新体制机制，健全法规制度”。整体而观，当前，党内法规体系的框架已经基本形成，呈现出效力位阶、调整领域和功能作用上的三维结构。

（一）党内法规体系的效力位阶

为了维持体系的内在统一，一种科学的规则体系中的各项规则均有效力高低之分，这就构成了效力位阶。下位阶的规则必须服从上位阶的规则，所有的规则必须服从最高位阶的规则。对于党内法规体系而言，在效力位阶的维度上同样具有层层递减的结构，可分为四级：党章，除党章外的中央党内法规，中央纪律检查委员会、中央各部门制定的党内法规，省、自治区、直辖市党委制定的党内法规。

位于党内法规体系效力位阶第一层级的是党章。党章对党的性质和宗旨、路线和纲领、指导思想和奋斗目标、组织原则和组织机构、党员义务和权利以及党的纪律等做出根本规定，是整个党内法规体系中的“根本法”，具有最高的效力，其他任何党内法规都不能与其相抵触。

位于党内法规体系效力位阶第二层级的是除党章外的中央层面党内法规。所谓中央层面党内法规，只能由党的中央组织制定，也就是只能由党的全国代表大会、党的全国代表会议、党的中央委员会、由党的中央委员会全体会议选举产生的中央政治局、中央政治局常务委员会以及由中央委员会决定产生的中央军事委员会等主体制定的党内法规。当前，这些党内法规主要是 3 部准则、20 多部条例以及若干规则、规定、办法、细则。其中，现有的3部准则分别是《关于党内政治生活的若干准则》《中国共产党廉洁自律准则》《关于新形势下党内政治生活的若干准则》，是对全党政治生活、组织生活和全体党员行为做出基本规定，针对的是全党。现有的20多部条例是对党的某一领域重要关系或者某一方面重要工作做出全面规定，比如《干部教育培训工作条例》《党政领导干部选拔任用工作条例》《中国共产党党校工作条例》《中国共产党统一战线工作条例（试行）》等。若干规则、规定、办法、细则是对党的某一方面重要工作或者事项做出具体规定，比如《关于领导干部报告个人有关事项的规定》。

位于党内法规体系效力位阶第三层级的是中央纪律检查委员会、中央各部门制定的党内法规。这些党内法规，只能以规则、规定、办法、细则命名，而不能以准则、条例命名。比如《关于实行党政领导干部问责的暂行规定》《评比达标表彰活动管理办法（试行）》。

位于党内法规体系效力位阶第四层级的是省、自治区、直辖市党委制定的党内法规。这些党内法规，同样也只能以规则、规定、办法、细则命名，而不能以准则、条例命名，比如中共北京市委印发的《中共北京市委贯彻〈中国共产党巡视工作条例〉的实施办法》。

（二）党内法规体系的调整领域

如果说党内法规体系的效力位阶之维，是从纵向的视角考察党内法规的上下设置，那么党内法规体系的调整领域之维，则是从横向的视角考察党内法规的左右分布。所谓规则的调整领域，是规则所调整和规范的社会关系。对于党内法规体系而言，在调整领域的维度上同样存在不同党内法规门类分布的横向结构。总的看来，大概可以分为 6 个部分：综合性的党内法规、思想政治方面的党内法规、组织人事方面的党内法规、作风方面的党内法规、反腐倡廉方面的党内法规、民主集中制建设方面的党内法规。

其一，综合性的党内法规，调整和规范的对象是全党范围内的重大的综合性问题。例如，历次修订的党章就是典型的综合性党内法规。

其二，思想政治方面的党内法规，调整和规范的对象是党内思想政治方面的问题，与党的思想建设有很大关联。比较有代表性的有《关于党内政治生活的若干准则》《中国人民解放军政治工作条例》《关于在干部教育培训中进一步加强学员管理的规定》等。

其三，组织人事方面的党内法规，调整和规范的对象是党内组织建设和干部人事方面的问题，与党的组织建设有很大关联。一方面是组织建设方面的党内法规，比较有代表性的有《中国共产党地方委员会工作条例》《中国共产党党组工作条例（试行）》《中国共产党党和国家机关基层组织工作条例》《中国共产党地方组织选举工作条例》等；另一方面是干部人事方面的党内法规，比较有代表性的有《干部教育培训工作条例》《党政领导干部选拔任用工作条例》《中国共产党发展党员工作细则》等。

其四，作风方面的党内法规，调整和规范的对象是党员的干群关系、生活作风等方面的问题，与党的作风建设有很大关联。比较有代表性的有《中央政治局关于改进工作作风、密切联系群众的八项规定》《党政机关厉行节约反对浪费条例》等。

其五，反腐倡廉方面的党内法规，调整和规范的对象是党组织和党员的廉政情况，与党的反腐倡廉建设有很大关联。比较有代表性的有《关于领导干部报告个人有关事项的规定》《党政机关国内公务接待管理规定》等。

其六，民主集中制建设方面的党内法规，规范和调整的对象是党组织和党员的党内民主权利问题。比较有代表性的有《中国共产党党员权利保障条例》《关于县以上党和国家机关党员领导干部民主生活会的若干规定》等。

（三）党内法规体系的功能作用

如果说效力位阶之维、调整领域之维分别展现了党内法规体系的纵向结构和横向结构，那么功能作用之维则展现了发挥差异化规则功能的结构特点。功能作用是润滑、催化、实现前述效力位阶和调整领域的关键。只有功能作用发挥顺畅，党内法规体系才能摆脱纵横的平面化，趋向更加科学的立体化。总的看来，功能作用之维上的党内法规体系主要由“1+4”的基本框架构成，即在党章之下分为党的组织法规制度、党的领导法规制度、党的自身建设法规制度、党的监督保障法规制度 4 大板块。这 4 大板块主要包括：

其一，党的组织法规制度。这是规定党的组织机构设置、运行等的主体性规则。完善党的组织法规制度，关键要全面规范党的各级各类组织的产生和职责，夯实管党治党、治国理政的组织制度基础。党的组织法规制度的功能是规定党的组织机构设置、运行等，具体涉及党的机关内部管理服务保障工作，如请示报告、安全保密、督查、信息流转等。这类党内法规在整个党内法规体系中数量不多，比较有代表性的有《机关档案工作条例》《党政机关公文处理工作条例》等。

其二，党的领导法规制度。这是规定党发挥执政核心作用的体制性规则。完善党的领导法规制度，关键要加强和改进党对各方面工作的领导，为党发挥总揽全局、协调各方领导核心作用提供制度保证。此类规则，着眼于中国的政治体制现实，重点规定了党如何治国理政，发挥执政党功能，比较有代表性的有《中国共产党党内法规制定条例》等。

其三，党的自身建设法规制度。这是规范党员或党组织的行为性规则。完善党的自身建设法规制度，关键要加强党的思想建设、组织建设、作风建设、反腐倡廉建设，深化党的建设制度改革，增强党的创造力、凝聚力、战斗力。此类规则，规定了什么必须做，什么禁止做，划定了详细的行为清单，承担了引导党员或党组织的核心功能。其在党内法规体系中数量最多。前述思想政治方面的党内法规、组织人事方面的党内法规、作风方面的党内法规、反腐倡廉方面的党内法规、民主集中制建设方面的党内法规等基本都属此类。比较有代表性的有《干部教育培训工作条例》《党政机关厉行节约反对浪费条例》《中国共产党党员权利保障条例》等。

其四，党的监督保障法规制度。这是规定责任追究、监督救济的保障性规则。完善党的监督保障法规制度，关键要切实规范对党组织工作、活动和党员行为的监督、考核、奖惩、保障等，确保行使好党和人民赋予的权力。此类规则，在党内法规体系中功能独特，意在规定党员或党组织在违反党内法规时的相应纪律处分，提供党员或党组织权利被侵犯后的救济等，具有"兜底性"的保障功能。这些党内法规数量也不是很多，比较有代表性的有《中国共产党党内监督条例》《纪律处分条例》等。

四、党内法规的生命力在于严格执行

如果说党内法规体系的分析是关于党内法规的静态描述，那么党内法规的良性运转则是关于党内法规的动态表达。党内法规的运转，体现了党内法规作为一种党内治理规则被适用、被执行的状态。习近平总书记强调，法规制度的生命力在于执行。党内法规制定出来了，下一步关键是如何运转，也就是监督执纪如何操作。因此，贯彻执行党内法规制度关键在真抓，靠的是严管。要强化法规制度意识，在全党开展党内法规制度宣传教育，引导广大党员、干部牢固树立法治意识、制度意识、纪律意识，形成尊崇制度、遵守制度、捍卫制度的良好氛围，坚持法规制度面前人人平等、遵守法规制度没有特权、执行法规制度没有例外。要加大贯彻执行力度，让铁规发力、让禁令生威，确保各项法规制度落地生根。要加强监督检查，落实监督制度，用监督传递压力，用压力推动落实。对违规违纪、破坏法规制度踩“红线”、越“底线”、闯“雷区”的，要坚决严肃查处，不以权势大而破规，不以问题小而姑息，不以违者众而放任，不留“暗门”、不开“天窗”，坚决防止“破窗效应”。

在法规执行的过程中，我们还要特别注意纪法衔接的问题。作为执政党，纪法衔接主要表现为纪法分开、纪在法前、纪严于法。

纪法分开，是关于监督执纪思想认识的一次飞跃。在很长一段时间以来，我们在处理党内法规与国家法律关系过程中，将两者“混为一谈”。特别是在制度设计和执行的过程中，往往不能有效区分哪些是国家法律应该规定的内容，哪些是党内法规应该规定的内容。这样的误区，与我们长期对中国的政治体制的认识不够深刻有关。“让国家法律的归法律，让党内法规的归党规”是处理纪法分开的关键。国家法律调整的是国家领域的整个社会关系，党内法规调整的是中国共产党领域的党内关系。前者的规范对象是全体公民，而后者的规范对象是各级党组织和全体党员。以新修订的《中国共产党纪律处分条例》为例，该条例删除了原《纪律处分条例》中 70 多条与《中华人民共和国刑法》《中华人民共和国治安管理处罚法》等国家法律法规相重复的内容，凡国家法律已经规定的就不再重复规定。

纪在法前，规定了党内法规和国家法律在执行中的先后顺序。例如，在处理同时违反党规党纪和国家法律的党员时，首先适用的是党规党纪，然后才是国家法律。具体来讲，在纪委经过初步核实，对存在严重违纪需要追究党纪责任的党员，或者已经掌握部分违纪事实和证据、具备进行审查条件的党员，经报请批准，都要进行立案审查。通过审查，掌握违纪事实。在审查结束后，案件审理部门对党员违反党纪、依照规定应当给予纪律处理或者处分的案件和复议复查案件进行审核处理。审理工作应当严格依规依纪，提出纪律处理或者纪律处分的意见，做到事实清楚、证据确凿、定性准确、处理恰当、手续完备、程序合规。在这个过程中，被审查人涉嫌犯罪的，应当由案件监督管理部门协调办理移送司法机关事宜。执纪审查部门应当在通知司法机关之日起 7 个工作日内，完成移送工作。这个移送工作，表现了先纪后法的顺序性。

纪严于法，则在规则的内容程度上做了区分。正所谓“把纪律和规矩挺在法律前面”，这个“前面”不仅仅是顺序之前，还有严格程度之前。纪严于法，要求党员不仅仅要遵守国家法律底线，而且要遵守党规党纪高线。在全面依法治国和全面从严治党的背景下，党员遵守国家法律是题中应有之义，但同时党员又是“先锋队”和“先进性”的代表，入了党就意味着主动放弃一部分普通公民享有的权利和自由，需要遵守更加严格的党规党纪。这也就是在一些道德领域，国家法律并不涉及，而党规党纪要严格规定的原因。以“不正当性关系”为例，《中华人民共和国民法通则》《中华人民共和国婚姻法》等法律并不做过多调整，但是我国一般的道德风俗则加以谴责，行为人的社会评价则会降低，且行为人的内心一般都会有所愧疚。这种行为如果发生在党内，也会遭受处分。新修订的《中国共产党纪律处分条例》第一百二十七条规定：“与他人发生不正当性关系，造成不良影响的，给予警告或者严重警告处分；情节较重的，给予撤销党内职务或者留党察看处分；情节严重的，给予开除党籍处分。利用职权、教养关系、从属关系或者其他相类似关系与他人发生性关系的，依照前款规定从重处分。”很显然，党规党纪要严于国家法律。

总的来说，监督执纪“四种形态”（见表 11–1）是党的十八大以来提出的党内法规执行领域的重大理论创新，它是处理纪法分开、纪在法前、纪严于法的关键途径，直接体现了纪法衔接的理念。这四种形态是监督执纪过程中要区分的四种递进形态：一是党内关系要正常化，批评和自我批评要经常开展，让“咬耳扯袖、红脸出汗”成为常态；二是党纪轻处分和组织处理要成为大多数；三是对严重违纪的重处分、做出重大职务调整应当是少数；四是严重违纪涉嫌违法立案审查的只能是极少数。“四种形态”在行为不当的程度上逐渐升高，层层递进。

表 11–1　　监督执纪“四种形态”的基本模式

不当行为的性质与程度	所占比例	处分方式	适用条款	监督类型
行为不当但尚不构成违纪或虽构成违纪但根据有关规定免予党纪处分	常态	批评与自我批评	《党和国家机关基层组织工作条例》、新《纪律处分条例》等	纪律监督
轻微违纪	大多数	党纪轻处分、组织处理	新《纪律处分条例》、《党政领导干部选拔任用工作条例》等	纪律监督
严重违纪	少数	党纪重处分、做出重大职务调整	新《纪律处分条例》、《党政领导干部选拔任用工作条例》等	纪律监督
严重违纪并涉嫌违反国家法律	极极少数	党纪重处分、被国家机关行政处罚、刑事处罚	新《纪律处分条例》、《党政领导干部选拔任用工作条例》《中华人民共和国刑法》《中华人民共和国治安管理处罚法》等	纪律监督＋法律监督

图书在版编目（CIP）数据

建设世界上最强大的政党 / 韩庆祥等著 . —北京：中国人民大学出版社，2018.3

ISBN 978-7-300-25254-4

I. ①建…　II. ①韩…　III. ①中国共产党 – 党的建设 – 研究　IV. ① D26

中国版本图书馆 CIP 数据核字（2017）第 308173 号

建设世界上最强大的政党

韩庆祥　黄相怀　等　著

Jianshe Shijie Shang Zui Qiangda de Zhengdang

出版发行	中国人民大学出版社		
社　　址	北京中关村大街 31 号	**邮政编码**	100080
电　　话	010–62511242（总编室）		010–62511770（质管部）
	010–82501766（邮购部）		010–62514148（门市部）
	010–62515195（发行公司）		010–62515275（盗版举报）
网　　址	http://www.crup.com.cn		
	http://www.ttrnet.com（人大教研网）		
经　　销	新华书店		
印　　刷	北京中印联印务有限公司		
规　　格	160 mm × 235 mm　16 开本	**版　　次**	2018 年 3 月第 1 版
印　　张	15.25　插页 1	**印　　次**	2018 年 4 月第 2 次印刷
字　　数	166 000	**定　　价**	48. 00 元